DIEU *OU* LE MONDE ?

MAXENCE BERTRAND

DIEU *OU* LE MONDE ?

L'engagement chrétien

LES ÉDITIONS DU CERF

www.editionsducerf.fr
24, rue des Tanneries
75013 Paris

ISBN : 978-2-204-14472-8

Prologue

DIEU OU CÉSAR

> Alors il leur dit : « Rendez donc à César ce qui est à César, et à Dieu ce qui est à Dieu. » À ces mots, ils furent tout étonnés. Ils le laissèrent et s'en allèrent.
>
> MATTHIEU 22, 21-22.

Presque tout semblait opposer les pharisiens, religieux respectés, et les partisans d'Hérode, favorables à l'occupation romaine, probablement très déconsidérés par les juifs fidèles à la loi et au culte. Pourtant, à l'occasion de cette conversation avec Jésus, ils se trouvent réunis, poursuivant un même objectif. Ils voudraient que Jésus réponde à leur question : « Est-il permis, oui ou non, de payer l'impôt à César, l'empereur ? » (Mt 22, 17). Ils voudraient que Jésus choisisse enfin. Ils voudraient qu'il prenne parti pour Dieu contre César ou pour César contre Dieu. Ils voudraient que ce soit plus clair, plus simple, plus cohérent. Ils voudraient que Jésus cesse de leur échapper.

Pourtant, depuis ses premières prédications, tous ceux qui l'avaient entendu, ses apôtres, ses disciples et la foule, tous étaient avertis que le rapport de la foi au monde serait complexe. Il avait prévenu ses disciples qu'ils seraient parfois visibles, en face du monde comme la lumière qui éclaire et parfois invisibles, cachés, comme le sel qui relève le goût de ce qui existe (Mt 5, 13-14). Si cette question du rapport de la foi, et donc de l'Église, au monde est présente dès le début de la prédication de Jésus, elle réapparaît avec force au moment de son procès, non sans une certaine malhonnêteté : « Il empêche de payer l'impôt à César et se dit Fils de Dieu » (Lc 23, 2). On retrouve encore cette question, hésitante et maladroite, dans la bouche des apôtres, après la Résurrection, au moment de l'Ascension : « Seigneur, est-ce maintenant le temps où tu vas rétablir le royaume pour Israël ? » (Ac 1, 6).

Si la question parcourt tout l'évangile, on ne s'étonnera pas qu'elle traverse aussi toute l'histoire du peuple de Dieu, puisque « l'Église, c'est l'Évangile qui continue* ». Mais allons plus loin. Si la question traverse et l'évangile et l'histoire de

* Ch. Journet, *L'Église et la Bible*, Saint-Maurice, Éd. Saint-Augustin, 1960, p. 45.

l'Église, elle doit nécessairement traverser ma vie tout entière, mon histoire mais aussi mon tempérament, ce que je suis et ce que je vis. Comment est-ce que je me situe devant Dieu et devant le monde ? C'est le rapport personnel de ma foi au monde qui doit alors être sans cesse relu et discerné.

Ce rapport parle aussi, plus subtilement, de ma relation personnelle au monde, à l'autre et au pouvoir. Bien sûr, cette question évoque beaucoup de choses de ma construction humaine et personnelle, du climat familial dans lequel j'ai grandi mais aussi de mon tempérament, plus ou moins affirmé. Au-delà, ou plutôt en deçà, de toutes les théories possibles du rapport de l'Église au monde, se pose ainsi la question toute simple, très humaine – trop humaine peut-être –, de ma relation au politique au sens large, c'est-à-dire de ma relation aux autres.

Parfois, certains rapports de force inconscients peuvent imprégner les relations. « L'homme n'a pas envie de gouverner : il a envie de contraindre. D'être plus qu'homme dans un monde d'hommes. Échapper à la condition humaine. Non pas puissant : tout-puissant*. »

* A. Malraux, *La Condition humaine*, Paris, Gallimard, 1996, p. 175.

Quand apparaît, dans des relations, un sentiment d'adversité ou une forme de concurrence, n'y a-t-il pas là un besoin de contraindre ? Sentiment diffus, mécanisme de peur et de survie. Avant d'entrer dans sa Passion, Jésus dépose sa volonté dans les mains du Père : « Père, si tu le veux, éloigne de moi cette coupe ; cependant, que soit faite non pas ma volonté, mais la tienne » (Lc 22, 42). Cette attitude pourrait précéder toute réflexion personnelle sur la relation de la foi et du monde, afin que ne s'immiscent pas inconsciemment nos secrets désirs de reconnaissance ou de revanche, dans la mission d'être sel et lumière pour le monde. Le Seigneur a fondé l'Église, or l'Église n'est ni un lobby au service du monde ni un lobby contre le monde.

Les pharisiens et les hérodiens manifestent précisément ce désir de puissance dans leur conversation avec Jésus. Cela les conduit naturellement à le contraindre à cette malheureuse alternative : Dieu contre le monde ou le monde contre Dieu. Avec une certaine pression, puisque Jean-Baptiste vient d'être décapité par Hérode, on veut le forcer à faire un choix. Jésus sait qu'il s'agit d'un piège : « Connaissant leur perversité, Jésus dit : "Hypocrites ! pourquoi voulez-vous me mettre à l'épreuve ?" » (Mt 22, 18).

Mais il y a quelque chose de plus admirable encore que cette clairvoyance et cette repartie de Jésus. Et peut-être s'est-il souvenu du merveilleux psaume : « Tu ne m'as pas livré aux mains de l'ennemi ; devant moi, tu as ouvert un passage » (Ps 30, 9). Bloqué dans cette alternative, Jésus révèle une autre voie, insoupçonnée, un passage lumineux, celui de la foi qui sait rendre justice à César tout en rendant gloire à Dieu. Évidemment, Dieu et César ne sont pas sur le même plan et c'est une grande évidence pour Jésus qui dira à Pilate avec gravité et sérénité : « Tu n'aurais aucun pouvoir sur moi si tu ne l'avais reçu d'en haut » (Jn 19, 11). Jésus distingue donc, mais sans les séparer, la justice de la terre et la justice du Royaume, sachant qu'elles ne se situent pas l'une en face de l'autre mais que la justice de la terre est appelée à œuvrer, de manière autonome et féconde à l'édification du Royaume de Dieu. Les hérodiens et les pharisiens voulaient contraindre Jésus à choisir entre deux impasses. Jésus ouvre une troisième voie mystérieuse, celle de la foi qui prend racine dans la terre et sa justice mais qui porte du fruit pour le Royaume et la gloire du Père.

Pas de choix donc, ni de séparation. La foi des disciples, la mienne, la vôtre, doit imprégner le monde. Mais de quel monde s'agit-il ? Et de quelle façon ?

Dans la Bible, le monde revêt plusieurs significations. Parfois il est l'objet de l'amour de Dieu : « Dieu a tellement aimé le monde » (Jn 3, 16) ; parfois au contraire, il apparaît comme ce qui est opposé à Dieu : « N'aimez ni le monde, ni ce qui est dans le monde. Si quelqu'un aime le monde, l'amour du Père n'est pas en lui » (1 Jn 2, 15). Faut-il l'aimer ou s'en méfier ? Quand et comment faut-il l'aimer ? Faut-il le servir ou le purifier ? Le soigner ou le combattre ? C'est à ce discernement qu'il nous faut œuvrer, chacun personnellement. Et nous pouvons pour cela nous appuyer sur quelques attitudes profondément évangéliques, vécues et transmises par d'autres, tout prêts à nous les enseigner. Ces attitudes éclairent, apaisent et ramènent à l'essentiel. Elles renvoient à cette exhortation de saint Paul aux chrétiens de la ville de Philippes : « Ayez en vous les dispositions qui sont dans le Christ Jésus » (Ph 2, 5). Ces dispositions intérieures, ces attitudes, nous apprennent à entrer dans cette mystérieuse troisième voie ouverte par Jésus et ignorée des pharisiens et des partisans d'Hérode, qui n'est ni un consensus ni un juste milieu, mais un chemin de justice et de don de soi – la porte de la foi. Cette voie profonde et pleine de sagesse nous conduit à agir dans le monde sans lui appartenir, à résister à la tentation d'agir au nom de l'Évangile et de l'Église de manière mondaine, c'est-à-dire avec les moyens et les objectifs du monde. Dans tous les défis de notre époque – éducatifs, bioéthiques, politiques, ecclésiaux et missionnaires –, nous ne pouvons pas agir à la seule façon du monde, sans quoi nous nous retrouverons à choisir entre Dieu et César. Ni pharisiens, ni hérodiens. Il nous faut demander à l'Esprit, qui « nous enseignera tout » (Jn 14, 26) la sagesse et la profondeur de la foi, l'assurance et la paix que donnent l'espérance et l'ingéniosité de la charité. Ces pages sont une invitation à rechercher ces dispositions intérieures qui peuvent nous aider à marcher avec plus de fidélité dans les pas du Christ, envoyé dans le monde « pour nous les hommes et pour notre salut* ».

---

* Symbole de Nicée-Constantinople.

1

Comme un ambassadeur à l'étranger

> Nous sommes donc les ambassadeurs du Christ, et par nous c'est Dieu lui-même qui lance un appel : nous le demandons au nom du Christ, laissez-vous réconcilier avec Dieu.
>
> 2 CORINTHIENS 5, 20.

Saint Paul connaissait bien la ville de Corinthe puisqu'il y avait passé un peu plus d'un an et demi avant de rejoindre Éphèse. C'était une cité importante de l'Empire romain, cosmopolite et très commerciale, connue pour ses vices et sa corruption. Là, Paul avait fondé une petite communauté chrétienne, avec l'aide précieuse d'un couple de juifs, chassés de Rome : Priscille et Aquila. Peut-être plus qu'ailleurs, les chrétiens de Corinthe pouvaient se poser la question de la relation entre leur petite communauté qui apprenait progressivement la fidélité à l'Évangile et le monde tout à fait étranger au message du Christ dans lequel ils vivaient et travaillaient. Après son départ, Paul est resté très attaché à cette communauté, malgré ses divisions internes et l'influence des mœurs de Corinthe. Dans quelques lettres, écrites dans les mois et les années qui suivirent, parfois « en versant beaucoup de larmes » (2 Co 2, 4), il a continué à accompagner cette jeune communauté et à veiller sur sa croissance.

Pour décrire la place ou la mission des chrétiens de Corinthe dans cette société très hétéroclite – on dirait aujourd'hui multiculturelle – saint Paul emploie l'image politique de l'ambassadeur. Empruntée au monde diplomatique, l'image est remarquable à bien des égards et peut-être déployée assez largement pour parler de la vie chrétienne dans le monde. L'ambassadeur est un envoyé, il n'appartient pas à la nation dans laquelle il se trouve en poste, mais il *représente* un autre pays, une autre culture. Cette *représentation* est au cœur de sa vocation. Parce qu'il doit être dans le monde, sans être du monde, le chrétien, comme l'ambassadeur, a pour mission de rencontrer, c'est-à-dire de connaître et de faire connaître, d'aimer et de faire aimer.

Notre identité nouvelle dans le Christ

L'ambassadeur, envoyé en mission, appartient toujours à sa nation d'origine. Le chrétien, lui, vivant dans le monde, reste fidèle au Christ, à qui il appartient depuis son baptême. Cette appartenance au Christ fonde l'identité nouvelle du chrétien : « Si quelqu'un est dans le Christ, il est une créature nouvelle » (2 Co 5, 17). L'identité nouvelle conférée par le baptême ne repose sur aucun critère social ou familial, mais sur la grâce d'un appel, mystère d'une élection. L'expérience de saint Paul d'avoir été saisi, appelé et consacré pour l'annonce de l'Évangile, a été si forte qu'il a pu déployer une conscience profonde de son appartenance au Christ. Dans toutes ses lettres, il veut transmettre aux chrétiens cette conscience d'appartenir à Dieu : « Vous êtes au Christ, et le Christ est à Dieu » (1 Co 3, 23). Depuis le chemin de Damas, il a le sentiment d'être une personne nouvelle. Étonnant ? Excessif ? Pourtant cette expérience de Paul est celle de beaucoup de convertis qui décrivent leur cheminement vers le Baptême comme l'expérience d'un réel commencement, d'une renaissance, d'une vie nouvelle. Cette expression « vie nouvelle », que nous entendons si souvent dans la liturgie résonne pour eux de façon très concrète et existentielle. Le Christ est leur vie. Ils lui appartiennent. Voilà l'expérience de la foi.

Cette conscience d'appartenir à un autre sans se perdre soi-même ou plutôt d'appartenir à un autre qui nous aide à être davantage nous-mêmes, échappe à nos mentalités modernes, fortement imprégnées par la philosophie des Lumières qui, par tous les moyens, essaye d'émanciper l'individu de ses déterminations relationnelles et surtout familiales. Le monde contemporain semble se méfier des concepts d'appartenance, d'héritage ou de racines. Saint Paul, lui, emploie ces mots pour parler d'un don insoupçonné, immérité : le mystère de la grâce. Il a été littéralement renversé par le Christ, saisi par lui, et désormais il lui appartient, il est « héritier de Dieu, héritier avec le Christ » (Rm 8, 17), « concitoyen des saints, membre de la famille de Dieu » (Ep 2, 19). Dans l'expérience de sa conversion, saint Paul a découvert l'étroitesse de sa vie d'autrefois. Sa rencontre avec le Christ a élargi considérablement sa perception de la vie et de son existence. C'est pourquoi il appelle à découvrir par la foi « quelle est la largeur, la longueur, la hauteur, la profondeur [...] ce qui dépasse toute connaissance : l'amour du Christ » (Ep 3, 18-19). C'est en appartenant au

Christ qu'il est vraiment lui-même. Beaucoup plus lui-même. Saint Paul décrira longuement aux chrétiens de Corinthe, d'Éphèse, de Galatie, de Rome et de partout ailleurs, leur nouvelle identité, ce qu'ils sont vraiment devenus comme chrétiens.

Cette insistance de Paul sur l'identité chrétienne est souvent oubliée par les prédicateurs. Pourtant toutes les exhortations morales de Paul sont enracinées dans l'être du chrétien, mort et ressuscité avec le Christ, création nouvelle par le Baptême. Avant de dire ce qu'il faut faire, il dit et redit sans cesse ce qu'il faut être, ou plutôt ce que l'on est de fait, par la réalité sacramentelle du Baptême. La morale chrétienne se fonde toujours dans une identité nouvelle, et c'est la raison pour laquelle Paul prend le temps nécessaire pour décrire ce que c'est que d'être chrétien et il le fait de nombreuses façons.

Identité et fécondité

Pourquoi ce thème de l'identité nouvelle conférée par le Baptême est-il d'une importance toute particulière ? Parce que la conscience de notre identité nouvelle permet de raviver en nous le don de Dieu. La fidélité à notre identité nous établit ou nous ramène dans une cohérence de vie qui diffuse quelque chose de vivifiant autour de nous. En ce sens, le témoignage est plus fécond et profond que la seule authenticité ou qu'un sentiment de sincérité. Gabriel Marcel, philosophe chrétien, a montré l'importance de connaître et d'intégrer son identité pour que l'existence ne soit pas seulement vécue dans la constance et la sincérité mais dans une espérance, une fidélité qui soit vraiment « créatrice* ». Remarquable réflexion qui permet de ne pas définir la fidélité sous un angle seulement négatif – ne rien lâcher – mais d'une manière réellement positive, vivante et ouverte sur une grande espérance. Le couple, par exemple, est appelé à dépasser le sentiment d'être seulement deux. Il forme désormais une identité à lui seul. Cet exercice de dépassement des seules dimensions du « moi » et du « toi » fonde l'identité nouvelle du « nous » qui permet de ne plus se trouver face à face dans l'amour comme dans la haine, mais côte à côte dans le bonheur comme dans les épreuves. Ainsi les époux apprennent à s'aimer vraiment en prenant conscience de l'identité nouvelle qu'ils forment. Cette fécondité s'enracine

* G. Marcel, *Du refus à l'invocation*, Paris, Gallimard, 1940, p. 199.

dans une conscience profonde d'appartenir l'un et l'autre à une troisième réalité, celle du couple. L'amour passion, l'amour du seul « face-à-face » conduit à une logique mortifère – c'est tout le drame de Roméo et Juliette. La communion qui sait alterner entre l'amour passion – le face-à-face – et l'amour d'amitié – le côte à côte – ouvre un chemin de vie. C'est faire l'expérience d'une ouverture intérieure et d'une liberté qui se construit avec l'autre et non pas contre lui. Cet exemple de la vie conjugale permet de comprendre que l'identité n'est pas une réalité intérieure et close sur elle-même. Le monde moderne la conçoit comme un socle de fond. Or l'identité profonde reste ouverte quant à son origine, puisqu'elle se reçoit d'un autre et quant à son accomplissement, puisque la personne est appelée à se tourner vers l'autre et à se donner elle-même. Ceci est vrai de l'identité conjugale, familiale ou sociale, mais cela l'est, aussi, et peut-être plus encore, de l'identité spirituelle, surnaturelle et chrétienne.

Pour saint Paul, le chrétien est appelé à vivre à partir de son être renouvelé par le Christ. Il est mis à part, c'est-à-dire consacré. Cette image de l'ambassadeur permet à l'apôtre de rappeler une fois encore l'appartenance du chrétien à cette cité du Ciel dont il est le citoyen (Ph 3, 20). Les premiers chrétiens avaient une conscience forte d'appartenir à un autre royaume, d'être « des étrangers résidents ou de passage ». Et cette appartenance à un autre monde rendait légitime le fait d'exhorter à un comportement autre que celui du monde, en s'abstenant « des convoitises nées de la chair, qui combattent contre l'âme » (1 P 2, 11). Est-ce que nous conservons ce sentiment d'être étrangers sur cette terre ? Est-ce que je me sens et me sais appartenir au Royaume de Dieu par la grâce de mon Baptême ? Est-ce que je me sens citoyen du Ciel avec le Christ ?

Les questions concernant l'origine de Jésus – qui est-il ? d'où vient-il ? – posées tout au long de l'évangile, depuis Nazareth au début de son ministère jusqu'à Jérusalem au moment de son procès, manifestent que Jésus est envoyé dans le monde mais qu'il ne lui appartient pas. L'ambassadeur sait d'où il vient. Il peut alors entrer en dialogue et remplir sa mission.

Aimer pour rencontrer

La condition d'étranger ne situe pas le chrétien dans une opposition au monde, mais plutôt dans une relation de dialogue et de rencontre. L'ambassadeur est appelé à dialoguer, non pas comme un concitoyen ou un compatriote, mais comme le représentant d'une autre nation, porteur d'une autre culture et d'une autre histoire. Si l'ambassadeur doit faire preuve d'une grande fidélité à son pays d'origine, sa langue, sa culture, il doit évidemment montrer un intérêt réel et authentique, une connaissance approfondie, voire une affection pour le pays auprès duquel il est envoyé.

Le chrétien doit apprendre à parler la langue du monde, à estimer sa culture et son histoire et entrer en relation avec lui. Puisqu'il est l'homme de la rencontre, le chrétien doit apprendre à dialoguer. Et pour entrer dans un vrai dialogue, il faut commencer par aimer. Saint Ignace de Loyola, dans ses *Exercices spirituels* évoque la question de la rencontre et insiste sur la nécessaire bienveillance, indispensable à toute relation de qualité. C'est un principe simple et exigeant. Saint Ignace s'adresse à « celui qui donne les Exercices aussi bien [qu'à] celui qui les reçoit* », mais ces conseils peuvent être considérés plus largement pour toute relation, y compris notre relation avec le monde.

> Il faut présupposer que tout bon chrétien doit être plus enclin à sauver la proposition du prochain qu'à la condamner ; et s'il ne peut la sauver, qu'il s'enquière de la manière dont il la comprend et, s'il la comprend mal, qu'on le corrige avec amour. Si cela ne suffit pas, qu'on cherche tous les moyens appropriés pour que, la comprenant bien, il se sauve**.

Ici, la bienveillance doit être une attitude *a priori*. Je ne décide pas *après coup* d'être bienveillant. Ma bienveillance doit *précéder* la rencontre de l'autre. Je décide d'écouter avec largesse et bonté l'autre qui se présente devant moi. Le chrétien doit être préparé au dialogue et à la rencontre du monde, sans naïveté sur le décalage probable qu'il pourrait trouver, mais avec une grande bienveillance. Il cherchera à comprendre ce que l'autre veut dire. Et s'il ne le comprend pas, il essayera de savoir pourquoi l'autre tient à cette proposition, comment il

---

* I. de Loyola, *Exercices Spirituels*, n° 22, Bruges, Desclée de Brouwer, 1963, p. 27.
** *Ibid.*

est arrivé à cette idée ou à cette manière de penser. Et ce n'est qu'après ce travail d'exégèse de l'autre qu'avec amour, si cela est nécessaire, il corrigera son prochain.

Cette qualité de dialogue et de rencontre est profondément chrétienne. Nous gardons la mémoire de tous ces missionnaires qui, au cours de l'histoire de l'Église, ont consacré un temps extraordinaire à apprendre des langues et des dialectes étrangers, qui ont cherché à comprendre de l'intérieur des cultures parfois si étonnantes. Rejoindre l'autre est déjà une attitude véritablement chrétienne. Pour rencontrer, il faut aimer. Et il faut aimer plus que les personnes, il faut aussi connaître et aimer leur contexte, leur histoire, ce qui fait l'épaisseur et le réel de leur vie. Au cours de la Première Guerre mondiale, beaucoup de jeunes prêtres se sont engagés au front, comme aumôniers, comme soldats du rang, comme brancardiers. L'écart entre leur existence paroissiale et cette vie militaire a été pour beaucoup un choc assez fort. Léonce Marraud, séminariste à l'époque, écrivit des pages émouvantes sur cette expérience :

> J'aime cette vie, il me semble que c'est pour la première fois que je suis pleinement homme. J'aime

passionnément la charge que la Providence m'y donne, malgré toutes les douleurs, toutes les angoisses que j'y ai trouvées*.

Et seulement après, quelques lignes plus bas, il peut décrire les fruits de son apostolat :

> Et puis ça a été une telle joie pour moi de voir devant cette constante présence de la mort, les âmes s'élever, se rapprocher de Dieu, de sentir, autant qu'on peut le sentir, que la plupart de ceux qui tombaient-là étaient en état de grâce, élevés au plus haut niveau moral qu'ils puissent atteindre**.

Sa bonté initiale, son regard pur et large sur la vie lui a certainement permis de voir les grâces du Seigneur. Ce témoignage émouvant peut nous interroger. Est-ce que j'aime les personnes avec lesquelles je vis, avec lesquelles je travaille ? Est-ce que je les connais ? Dans les *Frères Karamazov* de Dostoïevski, le starets enseigne lui aussi la fécondité mystérieuse de cet amour du prochain :

---

* V. Bucaille, *Lettres de prêtres aux armées*, Paris, Payot & Cie, 1916, p. 102.

** *Ibid.*, p. 103-104.

> Aimez-vous les uns les autres, mes Pères [...]. Aimez le peuple chrétien. [...] Alors seulement votre cœur sera pénétré d'un amour infini, universel, jamais assouvi. Alors chacun de vous sera capable de gagner le monde entier par l'amour et d'en laver les péchés par ses pleurs*.

Évidemment, mais seulement après ce travail de rencontre, le chrétien peut discerner des lieux et des attitudes incompatibles avec l'Évangile. Mais dans ces circonstances difficiles, il sait faire preuve de diplomatie et, quand c'est nécessaire, de fermeté. Il sait garder le silence à certains moments et prendre la parole à d'autres. Il ne s'indigne pas en permanence, mais il apprend à distinguer l'essentiel et l'accessoire, à discerner ce qui passera avec le temps et ce qui restera. L'image paulinienne de l'ambassadeur permet ainsi d'échapper à une forme superficielle de confrontation maladroite du monde et de l'Église qui conduit à un face-à-face stérile. Cette image permet aussi, et c'est peut-être là l'essentiel, d'interroger notre amour du monde et notre désir d'y apporter l'Évangile.

---

* F. DOSTOÏEVSKI, *Les Frères Karamazov*, Paris, Le Livre de Poche, 1962, t. I., p. 196.

Plusieurs façons d'être au monde

L'image de l'ambassadeur présente un autre avantage, celui de pouvoir penser de différentes manières le rapport du chrétien au monde tout en restant fidèle aux paroles du Christ : « Je les ai envoyés dans le monde » (Jn 17, 18), mais « ils n'appartiennent pas au monde » (Jn 17, 16). Comme l'ambassadeur, envoyé pour représenter fidèlement son pays, sa culture, sa langue et son histoire, le chrétien dans le monde représente ou annonce quelque chose qui ne vient pas de lui, mais dont il est le témoin crédible et convaincu. Dans sa deuxième Épître aux Corinthiens, saint Paul résume l'essentiel de ce témoignage dans l'appel à la réconciliation, l'offre de la miséricorde : « Laissez-vous réconcilier avec Dieu » (1 Co 5, 20). Naturellement, les époques, les cultures et les contextes favorisent diversement le dialogue avec l'Évangile et le chrétien doit s'adapter en fonction de cette diversité.

C'est évident, le bon ambassadeur n'est pas seulement celui qui connaît son propre pays, son histoire, sa culture et qui parle bien sa langue maternelle, mais il est celui qui a la passion de transmettre. C'est là tout le génie de cette image inspirante. La mission de l'ambassadeur dépend beaucoup de la qualité de la rencontre établie et du désir de créer la relation. C'est ce qui permet de penser les différentes attitudes du chrétien dans le monde. Notre façon d'être en relation avec le monde doit être réfléchie, discernée, relue en permanence parce que le monde change et que les conditions d'exercice de notre foi et de notre vie chrétienne changent elles aussi. Ainsi, suivant les époques, les contextes, mais aussi les personnalités et les qualités de chacun, plusieurs modèles peuvent être proposés.

La mission des chrétiens dans le monde a été réfléchie dès les débuts de la vie de l'Église. À la fin du IIe siècle, un des premiers écrits de l'Église explique que « les chrétiens sont dans le monde ce que l'âme est dans le corps : l'âme est répandue dans toutes les parties du corps ; les chrétiens sont dans toutes les parties de la Terre ; l'âme habite le corps sans être du corps, les chrétiens sont dans le monde sans être du monde* ». Cette réflexion sur les liens entre l'Église et le monde est un fil rouge qui traverse toute l'histoire de l'Église mais aussi l'histoire de l'Occident et de l'Europe. Aujourd'hui encore,

---

* *À Diognète*, Paris, Éd. du Cerf, coll. « Sources Chrétiennes », 1965, V, p. 65.

de nombreux théologiens, en particulier américains, continuent de réfléchir sur des modèles de relations entre l'Église et le monde, la culture et la société*. Cette relation n'a cessé d'évoluer, de s'approfondir et de se chercher. Si le concile Vatican II a souhaité rédiger une constitution pastorale sur l'Église dans le monde de ce temps *(Gaudium et Spes)*, c'est pour inviter les chrétiens à poursuivre et à renouveler cette réflexion de fond.

On comprend dès lors qu'il n'y a pas qu'une seule manière d'être ambassadeur. Chaque chrétien, suivant sa culture, son milieu de vie, son contexte doit constamment réinterroger sa fidélité au Christ, la conscience d'appartenir à cette cité du Ciel. Cette appartenance au Christ est plus profonde que toute relation au monde, puisqu'il « n'y a plus ni juif ni grec, il n'y a plus ni esclave ni homme libre, il n'y a plus l'homme et la femme, car tous, vous ne faites plus qu'un dans le Christ Jésus » (Ga 3, 28). Tout chrétien doit ensuite interroger sa passion de transmettre, son désir de rencontrer ceux auxquels il est envoyé. Aimes-tu le monde dans lequel tu as été

* S. Hauerwas, *Étrangers dans la cité*, Paris, Éd. du Cerf, 2016 ; H. R. Niebuhr, *Christ and Culture*, San Francisco, Reprint édition, Harper Perennial, 2001.

envoyé, connais-tu sa langue, le cœur de l'homme auquel tu t'adresses ?

Parce que l'ambassadeur n'est pas un envahisseur mais un diplomate, il recherche la rencontre, le dialogue fructueux. À la différence de nombreux livres fondateurs de religions ou de sagesses traditionnelles, la Bible n'est pas d'abord constituée de codes de loi et d'enseignements. La plupart des textes sont des récits, des rencontres. Dieu entre en conversation avec les hommes : avec Ève et Adam, avec Caïn, avec Noé, avec les habitants de Babel, avec Abraham, avec les prophètes… Dieu recherche ces conversations et l'évangile est rempli de ces rencontres et de ces échanges : Nicodème, la Samaritaine, les pharisiens, les Douze, la Cananéenne, Pilate, Hérode, le centurion, l'aveugle-né, Marie-Madeleine et tant d'autres…

L'Évangile n'envahit pas le monde mais doit prendre racine en lui et le rendre fécond, comme la bonne terre de la parabole du semeur (Lc 4, 3-8). Là se déploie et s'affine le discernement de l'ambassadeur quant à la qualité de la terre et à la façon de la travailler. Le monde doit permettre à l'Évangile de prendre racine et de porter du fruit pour le Royaume. Parfois la terre doit être retournée, travaillée patiemment mais avec passion et énergie. Parfois, la terre doit être laissée au repos, mais tout comme la terre ne se confond pas avec la semence, le monde ne peut jamais être confondu avec le Royaume.

Chrétien en milieu profane ?

On peut encore tirer une dernière leçon. L'image de l'ambassadeur permet de penser une fidélité au Christ et à son Église tout en étant pleinement dans le monde. L'ambassadeur ne peut pas se contenter d'être un vis-à-vis amical pour ses compatriotes exilés. Il ne peut se satisfaire de passer de galas de représentation en soirées privées, dans un entre-soi mondain. Il doit assumer sa mission de rencontrer, de connaître et de dialoguer. Le chrétien, lui aussi, ne peut se contenter de vivre qu'au seul contact de sa communauté chrétienne. Aujourd'hui, beaucoup de paroisses et de communautés chrétiennes débordent d'énergie, ce qui les rend dynamiques et missionnaires. C'est une grande grâce pour l'Église. Toutefois, il ne faudrait pas que cette concentration d'énergie porte préjudice aux engagements des chrétiens dans le monde, dans toutes les réalités sociales et politiques. La lumière du

Christ peut éclairer le monde comme un phare en pleine tempête et l'Église doit être le signe visible de cette lumière dans le monde. Mais dans les réalités humaines et sociales, professionnelles et associatives, le chrétien, lampe torche sur le front, peut aussi être une lumière pour le monde. Je peux être un bon ambassadeur du Christ dans un milieu politique, médiatique, hospitalier, éducatif, associatif, au sein d'une entreprise... Je peux être un bon ambassadeur du Christ en transmettant la manière chrétienne d'être honnête, d'aimer le travail bien fait, d'être solidaire... L'ambassadeur n'est pas seulement un professeur, un enseignant, spécialiste de l'histoire et de la langue. Il sait aussi transmettre un savoir-vivre, une culture, une façon d'être en relation. L'évangélisation ne consiste pas seulement en une annonce mais en un savoir-vivre chrétien qui se manifeste par les innombrables témoignages de vérité, de fidélité, de service, de joie et de charité dans les lieux les plus communs.

Saint Paul est un témoin magnifique de cette capacité à rencontrer le monde, à l'aimer pour ce qu'il est et à lui annoncer la miséricorde de Dieu. Cette capacité à entrer en relation partout et toujours, dans les synagogues, sur les places et dans les maisons, sur mer ou sur terre est une première grâce à demander. Exception faite de la lettre aux Galates, chaque lettre de Paul commence par une grande action de grâce à Dieu, par des compliments pour les communautés auxquelles il écrit. Saint Paul sait voir le bien et dénoncer le mal. Mais quand il rentre en relation, il veut voir d'abord le bien, se place sous le regard de Dieu et ensuite se met à converser. C'est peut-être la première attitude que le chrétien peut désirer acquérir pour aimer le monde et lui faire désirer le Royaume.

2

Revenir
au grand désir de Dieu

> Songe quelle est la préoccupation de Dieu pour le salut des hommes et n'en méprise aucun.
>
> JEAN CHRYSOSTOME.

À l'occasion de quelle fête saint Jean Chrysostome prononça-t-il ces mots ? On ne sait pas très bien. Mais il faut imaginer une église remplie, des gens debout. Des cierges allumés un peu partout. Et des enfants qui braillent. Jean Chrysostome commence à prêcher d'une voix forte et vibrante. D'un coup il saisit l'émotion, ou plutôt il la retourne. La joie de tous ceux qui sont rassemblés là, il ne la partage pas. Il est tiraillé de douleur parce que son cœur est plus large et qu'il lui manque tous ceux qui ne sont pas là :

> Même s'il y a beaucoup de gens ici avec nous, je ne m'en satisfais pas : je ne voudrais pas seulement qu'il y en ait beaucoup, mais que tous soient présents et que personne ne déserte l'église. Aussi, tant que j'en vois un seul manquer dans le troupeau, je suis déchiré et disloqué par la douleur.

Pour Jean Chrysostome, beaucoup, ce n'est pas assez ! Quelle grandeur d'âme et quelle charité pastorale ! Alors il raconte le périple incroyable de ce bon berger, qui « laissant là les quatre-vingt-dix-neuf brebis, s'est précipité à la recherche de la seule qui s'était perdue ». Imagine, Dieu part à la recherche de cette brebis égarée et « songe que c'est un frère, un être vivant qui est l'objet de tout le zèle de Dieu ». Cet itinéraire, c'est l'œuvre de toute la création. Pour l'amour d'un seul homme, tout a été créé...

> Pour lui le ciel a été déployé et le soleil allumé, pour lui la lune court, le chœur chamarré des étoiles resplendit, l'air a été répandu, la mer étalée et la terre fondée, pour lui les sources jaillissent, les fleuves coulent et les montagnes sont fixées, pour lui existent les prairies et les jardins, pour lui les graines et les plantes, pour lui les espèces variées des plantes, pour lui ce qu'il y a dans les montagnes, dans les déserts, dans les villes, dans les plaines, dans les vallées et dans les collines, pour lui les peuples innombrables des poissons, pour lui les espèces variées de quadrupèdes, pour lui toutes les sortes d'oiseaux.

Et par ce même amour, tout a été racheté et sauvé. Pour l'amour d'un seul homme ! Pour racheter cet homme-là, Dieu a tout donné.

> Pour lui la Loi, pour lui les Prophètes, pour lui les Apôtres, pour lui ont eu lieu les innombrables miracles ! Pourquoi parler de tout cela ? Pour lui le Fils unique de Dieu est devenu homme et, une fois devenu homme, a été immolé. Songe quelle est la préoccupation de Dieu pour le salut des hommes et ne méprise aucun homme* !

Quelle merveilleuse description de cet itinéraire divin qui passe par l'œuvre de la création puis par l'œuvre de la rédemption. L'amour s'abaisse toujours. L'amour d'une mère s'abaisse pour nourrir son enfant et prendre soin de lui. L'amour de Dieu se manifeste dans cet immense abaissement du Verbe fait chair qui vient chercher et ramener cette âme perdue. Perdue, certes, mais passionnément aimée. En quelques lignes, avec émerveillement et émotion, Jean Chrysostome résume toute l'histoire du salut qui consiste en cet amour mystérieux de Dieu pour l'homme, un amour qui ne lâchera jamais. Un amour dont nul n'est exclu. Un amour auquel il nous faut revenir.

---

* Jean Chrysostome, *Trop occupé pour t'occuper de ta vie ?*, Paris, Éd. du Cerf, Paris, 2015, p. 167-169.

Revenir au désir de Dieu

Il nous faut prolonger cette image paulinienne de l'ambassadeur, en remontant au désir et au projet de celui qui nous a envoyés dans le monde. Il nous faut remonter au cœur de Dieu pour ne pas nous rendre propriétaires de son œuvre, pour ne pas la déformer ni la *politiser*. Certes, le rapport de notre foi au monde est sans doute politique, mais il ne peut l'être à la racine. À l'origine de la mission que j'ai reçue se trouve le désir de Dieu, son projet auquel je dois perpétuellement retourner.

Peu de temps avant mon ordination diaconale, je suis passé avec un ami prêtre, tout juste ordonné, à l'abbaye de Fontgombault où nous avons été reçus par le père Abbé pour un temps d'échange, de « parloir », au cours duquel nous lui avons demandé quelques conseils pour nos premières années de vie sacerdotale. Sa réponse m'a étonné et je l'ai gardée précieusement en mémoire. Aucun conseil pour la première année de sacerdoce ! Le jeune prêtre, connaissant l'angoisse avant sa première homélie, l'émotion avant des obsèques difficiles, l'appréhension avant les grandes célébrations, se met à genoux la veille au soir et, dans sa prière, demande à Dieu l'assurance qu'il n'a pas, les mots qu'il pourra trouver et la paix qui lui semble si étrangère. Tant qu'il revient à Dieu dans sa prière, il reste un jeune prêtre fidèle à sa mission. Mais le père abbé nous donna de nombreux conseils pour les années suivantes. Car lorsque le jeune prêtre, plus assuré, ne tremblera plus avant de monter en chaire, alors il sera en danger. Comme un bon commercial qui après quelque temps et quelques expériences se voit réussir et envisage de créer son entreprise, le jeune prêtre lui aussi peut se demander plus ou moins consciemment s'il ne va pas se « mettre à son compte ». Il ne prie plus le soir à genoux pour demander la grâce de Dieu parce qu'il sait faire maintenant. Alors peu à peu, le serviteur s'efface et devient propriétaire des biens du maître… C'est dans la prière que le prêtre reste fidèle et serviteur. Ce conseil de l'abbé m'a beaucoup fait réfléchir. Je crois qu'elle peut aussi interroger tout chrétien dans sa relation au monde, parce que le Baptême est un appel. La foi est un appel de Dieu : « Il nous a aimés le premier » (1 Jn 4, 19). Il nous faut revenir à cet amour premier, amour personnel dont nul n'est exclu et découvrir que je ne suis pas à l'origine de mon existence, ni à l'origine de ma foi.

Dans son rapport avec le monde, le chrétien ne peut partir de lui-même, de ses goûts et de ses idées, sans agir comme un propriétaire. Il doit apprendre à revenir à l'amour premier du Père « qui a tant aimé le monde qu'il a donné son Fils unique » (Jn 3, 16). Et cet amour saura imprégner ses idées, ses goûts et ses désirs personnels. Alors il sera un bon serviteur qui entendra bientôt cette belle parole : « Je ne vous appelle plus serviteurs mais amis » (Jn 15, 15). Le chrétien a le choix entre la liberté des fils et l'accaparement du propriétaire qui, de loin, peut ressembler à la liberté… C'était l'illusion dont a souffert le fils prodigue.

Le témoignage de saint Jean Chrysostome est émouvant. Revenir à Dieu consiste à retourner à la profondeur et à l'immensité du désir de Dieu pour le salut du monde. La volonté de Dieu, c'est que « tous les hommes soient sauvés et parviennent à la pleine connaissance de la vérité » (1 Tm 2, 4). C'est pourquoi la mission du chrétien n'est pas l'apanage d'un charisme particulier ou la grâce d'un tempérament extraverti et socialement liant, mais le fruit d'une écoute profondément spirituelle du cœur de Dieu qui bat pour le monde. Le chrétien ne peut plus se situer face au monde sans considérer cet amour mystérieux, cet amour révélé du Père.

Pour Dieu, ce fameux trésor caché dans le champ (Mt 13, 44-46), c'est l'homme perdu, dont l'âme est enfouie dans le bruit et sous les débris du monde. Pour Dieu, l'homme est ce trésor dont la valeur est pour lui inestimable et c'est à cause de cet amour mystérieux que le Christ vend tous ses biens, qu'il se dépouille des honneurs de sa divinité et de sa gloire éternelle, qu'il achète le champ du monde par le prix de sa croix et qu'il se réjouit de ce trésor trouvé. Voilà le prix d'une seule âme, aimée de toute éternité.

Comment parler du salut ?

Comment parler de cet amour de Dieu ? Comment parler de l'homme perdu dans le monde ? Comment parler de ce trésor oublié ? Bref, comment parler du salut ? On peut l'aborder sous un angle moral, certes, mais c'est difficilement audible aujourd'hui. Peut-être que la dimension de la liberté que le Christ nous offre est plus éloquente pour notre époque asservie à tant et tant de liens. L'homme contemporain cherche en permanence quelque chose de nouveau. Il cherche à vivre mieux et à vivre plus par la technique, les projets et le divertissement. Pourtant, il ressent une double menace :

celle qui vient de l'extérieur – tous les événements imprévus (maladie, deuil, chômage...) – et celle qui vient de l'intérieur – la fragilité de l'existence (dépression, burn-out, culpabilité, conflits intérieurs, blessures du passé...). Devant ces menaces, pour s'évader et pour oublier, l'homme court après la nouveauté. Il s'évade dans des livres ou des films de science-fiction, il se construit une personnalité idéalisée et sans défaut sur tous les réseaux sociaux.

Tous nous partageons cette double menace, ce risque que quelque chose s'effondre. Et de plus en plus la société relaye cette peur d'un effondrement à la fois financier, sociétal, écologique... Dans ces circonstances, moins optimistes que celles qu'ont connues les dernières décennies du XXᵉ siècle, beaucoup essaient alors de se sauver par eux-mêmes. De là naissent toutes les formes de spiritualités ou psychologies à la mode. Pour se rendre compte de cette recherche avide de salut, il suffit de relever quelques titres de livres, pris au hasard, que vous trouverez dans n'importe quelle grande surface au rayon « spiritualité – développement personnel » ou « bien-être » : *Ta deuxième vie commence quand tu comprends que tu n'en as qu'une* de Raphaëlle Giordano (2015), *Transformez votre vie* de Louise

L. Hay (2013), *Vivez mieux et plus longtemps* de Michel Cymes (2017), *Rompre avec soi-même pour se créer à nouveau* de Joe Dispenza (2013), *Je réinvente ma vie* de Jeffrey Young (2013)... Les titres sont clairs : ils proposent un salut *profane*. Ils cherchent une autre vie. La nature ayant horreur du vide, l'homme contemporain se voit contraint de chercher où il peut le sens de sa vie qui passe et qui ne le satisfait plus. Or le salut du monde ne se trouve pas dans des techniques ou des méthodes. Le salut n'est pas une idée ni un mode de vie. Il n'est pas dans l'homéopathie ou dans une quelconque hygiène de vie plus ou moins bio, ce n'est pas non plus un mouvement politique. Mon salut, ce qui me sauve vraiment, c'est la foi dans la rencontre avec une personne : Jésus-Christ, Dieu fait homme. Jésus est l'unique chemin de notre salut. L'affirmation est de lui : « Je suis le Chemin, la Vérité et la Vie » (Jn 14, 6). Cela signifie que notre salut dépend d'un autre. Nous serons sauvés si nous acceptons la seule main qui nous sauve et c'est la main du crucifié. Quelqu'un qui est en train de se noyer n'est pas sauvé parce qu'il a lu de bonnes lectures et qu'il a réfléchi sur le sens de la vie. Il est sauvé si quelqu'un lui jette une bouée ou l'attrape par la main. C'est si difficile à accepter pour notre monde individualiste qui pense que la liberté consiste à n'avoir besoin de personne.

Seul le Christ sauve mais qu'en est-il de l'Église ?

« Je suis la porte, si quelqu'un entre par moi, il sera sauvé » (Jn 10, 9). Quelle est cette porte ? Ou plutôt sur quoi ouvre-t-elle ? La porte du Salut, c'est la Passion et la Résurrection de Jésus. Voilà pourquoi elle est étroite. La mort devait avoir le dernier mot. Les disciples pensaient que la croix de Jésus était le point final, la fin de l'aventure. Mais le Christ a transformé la mort en un passage. C'est l'expérience du tombeau vide dans lequel l'apôtre saint Jean discerne la victoire du ressuscité : « Il vit et il crut » (Jn 20, 8). Jean voit un tombeau vide, sombre et sans issue et il croit au Christ ressuscité, il croit à la vie éternelle, à la lumière de cette vie nouvelle, il croit en Jésus, le Chemin, la Vérité et la Vie. Le Christ est entré dans la mort, il a ouvert le passage « de ce monde à son Père » (Jn 13, 1).

C'est pourquoi le Baptême est une nécessité de Salut. Parce qu'il est un plongeon dans la mort et la Résurrection de Jésus, une entrée dans ce passage :

« Celui qui croira et sera baptisé sera sauvé » (Mc 16, 16). Seul le Christ sauve. Le Nouveau Testament est clair. Mais qu'en est-il alors de l'Église ? Est-elle vraiment nécessaire ? Pour montrer le lien indéfectible entre Jésus et l'Église, la Bible utilise de nombreuses images : le Christ est l'Époux et l'Église l'épouse, il est le bon berger et l'Église le troupeau, il est la tête, elle son corps, il est la Vigne et l'Église les sarments. L'Église n'est donc pas une association humaine, elle n'est pas une communauté qui a bien prospéré au fil des siècles. Elle est l'expansion de la vie du Christ dans le monde et dans l'histoire. L'Église a été fondée par Jésus pour répandre sa vie, son pardon et son Salut par les sacrements.

Le mystère pascal – le mystère de la mort et de la Résurrection de Jésus – est la source d'une nouvelle vie. Il nous fait passer dans une nouvelle dimension de la vie – la vie éternelle –, et qui est déjà commencée. Quand saint Jean parle de cette vie éternelle, il emploie un mot nouveau. Il ne parle plus de la vie biologique – la *bios* en grec, qui est la vie reçue, mais qui se dégrade et avance vers la mort –, mais de la *zoé* qui est une vie en expansion permanente, une vie en plénitude et qui se donne sans s'épuiser. L'image de l'eau vive dont parle Jésus à la Samaritaine, cette eau qui abreuve à jamais notre soif est une évocation profonde et belle de la vie éternelle.

Si la vie biologique s'arrête devant le mystère de la mort, cette vie divine la traverse et la transforme. C'est le mystère de la Résurrection. La mort ne peut rien contre l'origine de la vie. C'est pourquoi le Christ n'est pas seulement un modèle qui donnerait du sens à notre existence, mais il est, par sa Résurrection, la source de cette vie nouvelle, de ce surcroît d'existence. Et cette vie divine qui est entrée dans l'histoire, il nous faut la recevoir personnellement pour communier au mystère pascal. Cette communion de tout mon être au mystère de Pâques, telle est la définition du baptême. Par le Baptême, Dieu entre au plus profond de mon existence. Et tous les autres sacrements – qui ont un lien avec le mystère pascal – me font pénétrer plus avant dans la profondeur de ce mystère de vie.

> Par le baptême, les hommes sont greffés sur le mystère pascal du Christ : morts avec lui, ensevelis avec lui, ressuscités avec lui ; ils reçoivent l'esprit d'adoption des fils « dans lequel nous crions : Abba, Père » (Rm 8, 15), et ils deviennent ainsi ces vrais adorateurs que cherche le Père (voir Jn 4, 23)*.

* Concile Vatican II, *Sacrosanctum Concilium*, n° 6.

Le seul accès connu au mystère de la mort et de la Résurrection de Jésus, c'est le Baptême et les sacrements de l'Église. Ulf Eckman, pasteur d'une Église évangélique très dynamique en Suède, a été peu à peu saisi par le mystère de la sacramentalité et, en 2014, il a été reçu avec son épouse dans l'Église catholique. En elle, on trouve

> une présence sacramentelle qui vient du Christ, grâce à la succession apostolique. Avant, je vivais dans une communion profonde avec des chrétiens, dans l'évangélisation, dans la mission et la diaconie. Mais je n'avais pas accès à cette présence sacramentelle profonde[*].

Cet accès donné à tous par la sacramentalité de l'Église est un don merveilleux, bien plus profond et généreux que nos sentiments les meilleurs et les plus altruistes.

> Pour moi, la matrice pertinente pour notre monde n'est pas ce que j'ai dans mon cœur, mais ce que nous avons dans l'Église. L'Église est le peuple de Dieu. L'Église est le corps du Christ[**].

---

* H. Lindell, U. Ekman, *De la megachurch à l'Eglise catholique*, Paris, Éd. du Cerf, 2016, p. 32.

** *Ibid.*, p. 37.

Le cœur de l'Église a bien plus à donner que mon propre cœur. Dans l'Église, bat le cœur humain et divin du Christ miséricordieux, doux et humble. En moi, bat un cœur qui a bien quelques sentiments et quelque générosité mais qui est au fond assez égoïste et souvent orgueilleux. L'Église a beaucoup plus à donner, bien plus que moi. Messe après messe, le prêtre répète ces mots si profonds : « Seigneur Jésus-Christ [...] ne regarde pas nos péchés mais la foi de ton Église », c'est-à-dire ne regarde pas l'étroitesse de mon cœur humain, mais donne-moi accès aux trésors de foi, d'espérance et de charité de ton Église. Bien souvent, notre cœur voudrait inverser l'ordre et dire : « Ne regarde pas les péchés de ton Église, mais la foi et l'amour de mon cœur... » Il y a dans l'Église et dans la sacramentalité de celle-ci un amour immense, celui de Dieu qui a livré son Fils pour le salut du monde.

Cette foi dans l'amour du Christ qui s'est livré pour son Église doit me rendre missionnaire. Ce n'est pas pour des raisons sociales ou identitaires que j'annonce l'Évangile, mais parce que l'amour de Dieu a été répandu dans mon cœur quand l'Esprit-Saint m'a été donné, ce même Esprit qui anime l'Église de l'intérieur et l'unifie par la charité du Christ. Alors ma communauté chrétienne, ma paroisse, l'Église tout entière devient familiale, revêt un caractère social, lequel est unifié par la charité de l'Esprit et non par des idées mondaines. Peu à peu, notre cœur et nos sentiments doivent être irrigués par ce don merveilleux du Salut, présent dans l'Église et appelé à se répandre dans l'histoire et le monde. Comme l'Église, notre cœur doit lui aussi devenir catholique, c'est-à-dire universel, et battre, vibrer pour le monde entier.

On confond parfois la sacramentalité de l'Église avec une rigidité institutionnelle, alors qu'elle est le lieu du passage du salut et de l'amour. Les dogmes de l'Église cherchent à en montrer l'accès et c'est pourquoi la « fidélité aux dogmes classiques ne contredit pas l'expérience et l'expression charismatiques [...]. L'Esprit et le Verbe vont bien ensemble, tout comme l'Esprit et l'Église* ». La sacramentalité de l'Église, les rites, sont des lieux de vie qui donnent accès à la plénitude du Christ et à l'intimité divine. Cette plénitude de vie, de salut et de pardon, le Christ l'a confiée à son Église. Si bien que celle-ci n'est pas dissociable du Christ. Et le Christ n'est pas dissociable de l'Église. Il nous faut être vigilants à ne jamais dissocier l'Église et l'Évangile, ou l'Église

* *Ibid.*, p. 40.

et le Christ, dans notre élan missionnaire. Ce que l'Église enseigne et transmet, c'est ce que l'Évangile révèle, ce que Jésus a révélé du Père. L'Église est le fleuve, le Christ est la source.

Qu'en sera-t-il pour les autres ?

Mais une question immense se pose alors : et les autres ? Ceux qui ne sont pas baptisés ? Ceux qui ont une autre religion ? Le concile Vatican II affirme avec force et audace :

> Puisque le Christ est mort pour tous et que la vocation dernière de l'homme est réellement unique, à savoir divine, nous devons tenir que l'Esprit Saint offre à tous, d'une façon que Dieu connaît, la possibilité d'être associés au mystère pascal*.

Ce texte est fondamental. Il est important de tenir les deux affirmations suivantes : seul le Christ sauve et il s'offre à tous. Cela veut dire qu'il y a une appartenance visible à l'Église : les sacrements, la fidélité au pape et la vie théologale. C'est l'autoroute pour le Ciel. Mais il y a aussi une appartenance invisible à l'Église. Comment ? Je l'ignore et je ne

* Concile Vatican II, *Gaudium et Spes*, n° 5.

suis pas sûr de pouvoir le savoir. Ce que je sais, c'est que Dieu donne à tout homme la possibilité d'être uni au mystère pascal, c'est-à-dire de passer par la mort et la Résurrection de Jésus. Peut-être au travers d'une épreuve, peut-être au seuil de la mort… Peut-être…

La voie la plus sûre, la plus paisible, est celle de l'Église visible et notre mission de chrétiens est d'élargir cette famille à l'ensemble des hommes. L'Église comme fontaine du salut existe pour ceux qui n'y sont pas encore. Si l'Église est appelée catholique cela signifie qu'elle est adaptée à tous, elle convient à tous les hommes. Elle est universelle. Le plan de Dieu est que tout homme soit sauvé par son appartenance à l'Église : « Allez ! De toutes les nations faites des disciples : baptisez-les au nom du Père, et du Fils, et du Saint-Esprit » (Mt 28, 19).

« Suis-je le gardien de mon frère ? » (Gn 4, 9). C'est la question que pose Caïn au Seigneur. Oui ! Bien sûr, ceux à qui nous n'aurons pas pu annoncer l'Évangile, le Seigneur les connaît et il n'oublie personne. Comment auront-ils accès à l'Église et donc au mystère pascal, à cette grâce de salut ? Vatican II s'est contenté d'affirmer que Dieu donnera alors ce Salut « par des voies connues de lui* ». La théologie cherche à approfondir cela. Mais pour nous, le Seigneur nous demandera : « Qu'as-tu fait de ton frère ? » Devant cette question, l'angoisse et la crainte sont stériles. Seul compte notre désir enthousiaste de faire connaître le salut. Tous les grands missionnaires ont ressenti dans leur cœur l'urgence d'annoncer la mort et la Résurrection de Jésus, pour que personne ne se perde – et c'est le cas de saint Jean Chrysostome. La crise de l'élan missionnaire dans la vie de l'Église devrait nous interroger en profondeur.

Si devant cette réalité du Salut, la peur nous habite, c'est que nous n'avons pas assez confiance dans la Providence de Dieu et en son amour qui ne laisse personne sur le bord de la route. Le Bon Samaritain, c'est d'abord lui. Et il se charge de ceux qui ont été abandonnés. Il n'oublie aucune brebis, sachant que 99 % de réussite ne lui suffit pas. Mais si, devant cette question, c'est l'indifférence qui gagne notre cœur ou une forme de relativisme tiède, cela signifie que notre cœur n'est pas assez ouvert ni sensible à la vie éternelle et à la mission que le Christ nous a données. Nous ne pouvons lire entre les lignes de l'évangile, les phrases et les mots qui

* CONCILE VATICAN II, *Gaudium et Spes*, n° 22.

nous arrangent. L'Évangile parle du Salut, de la vie éternelle mais aussi de la possibilité d'un enfermement sur soi définitif, que l'on appelle l'enfer, c'est-à-dire la possibilité de refuser la main qui voudrait me sauver. Le refus d'être aidé, le refus d'être aimé.

Il nous faut désirer que tous, et en particulier ceux que nous connaissons, fassent l'expérience de cet amour donné, de la foi en Jésus-Christ qui sauve, qui ouvre et élargit considérablement les dimensions de notre cœur. Si nous souffrons que Jésus ne soit pas assez connu et aimé, c'est le signe que notre cœur est ouvert et généreux pour la mission. Saint Jean Chrysostome, dans cette belle homélie, crie son désir, fondé dans celui de Dieu, que tout homme soit associé au corps ecclésial du Christ. Il nous faut donc prendre à bras-le-corps toutes nos résistances et nos arguments mondains qui voudraient maintenir éloignées de l'Église les personnes de bonne volonté qui nous édifient sans pourtant communier à la vie sacramentelle de l'Église. Il n'est pas chrétien, certes, mais c'est une belle personne ! Oui, admirons ce qui est à admirer comme une prévenance efficace de la grâce. Jésus lui-même a manifesté son admiration devant la foi du centurion, il a été sensible à l'amour maternel de la Cananéenne. Apprenons à admirer la préparation de la grâce comme on peut admirer un champ bien travaillé prêt à être semé. Parce qu'il reste à semer ! Et pour cela, il faut revenir toujours au désir de Dieu de se donner, intimement, personnellement, mystiquement. Je ne peux admirer un champ bien travaillé, sans désirer qu'il soit semé et qu'il porte du fruit en abondance. Je ne peux admirer une personne de bonne volonté, sans désirer que la grâce sacramentelle porte un fruit supplémentaire, plus abondant et plus fécond.

Si j'annonce l'Évangile, c'est parce que je sens et partage à ma mesure le désir immense de Dieu de « rassembler dans l'unité les enfants de Dieu dispersés » (Jn 11, 52). La mission du chrétien dans le monde doit être imprégnée de ce désir de Dieu qui le traverse. Ce n'est qu'en revenant à ce désir, qui n'est pas d'abord le mien, que je saurai échapper à mon désir de dominer, de convaincre et de ramener à moi, parce que je ne suis pas à mon compte, mais que je suis appelé avec le Christ à faire la volonté de celui qui nous a envoyés (Jn 6, 38).

Le chrétien, dans sa relation au monde, ne peut oublier qu'il est profondément aimé de Dieu. Cet amour passionné de Dieu brûle son cœur, et son annonce de l'Évangile est le fruit de cet amour partagé. Le cœur du chrétien brûle du désir d'annoncer Jésus-Christ. Cette deuxième attitude doit habiter notre cœur dans notre relation au monde. Parler à Dieu ou parler de Dieu, la devise de saint Dominique est un excellent leitmotiv pour notre mission de chrétiens.

3

Penser et agir dans l'existence, pas au-dessus

Il y a beaucoup de gens qui délibèrent bien et qui ne sont cependant pas bien sensés.

THOMAS D'AQUIN.

Le 4 ou le 5 mars 1274, après s'être confessé, saint Thomas d'Aquin mourant, reçoit le viatique. Avant de recevoir la communion, il prononce alors cette belle profession de foi :

> Je te reçois prix de la rédemption de mon âme, je te reçois, viatique de mon pèlerinage, pour l'amour de qui j'ai étudié, veillé, peiné ; je t'ai prêché, je t'ai enseigné ; jamais je n'ai rien dit contre toi, et si je l'ai fait c'est par ignorance et je ne m'entête pas dans mon erreur ; si j'ai mal enseigné au sujet de ce sacrement ou des autres, je le soumets au jugement de la sainte Église romaine, dans l'obéissance à laquelle je quitte maintenant cette vie*.

* Cité par A.-D. SERTILLANGES, *Saint Thomas d'Aquin*, Paris, Flammarion, 1931, p. 22.

Saint Thomas meurt le mercredi 7 mars aux petites heures du matin. Quelques mois auparavant, à Naples, Dominique de Caserta, sacristain du couvent, témoignait d'une scène étonnante. Il avait aperçu, comme chaque matin, Thomas en prière. Mais ce matin-là, il avait entendu distinctement une voix qui partait du crucifix :

> « Tu as bien parlé de moi, Thomas, quelle sera ta récompense ? » Et d'assez près, il avait entendu saint Thomas répondre : « Rien d'autre que Toi, Seigneur »*.

Cette fin de vie de saint Thomas témoigne d'un trait exceptionnel pour un penseur aussi brillant : la connaissance est seconde par rapport à la vie. Il a contemplé, écrit et travaillé, veillant à ce que jamais son idée ne prenne plus de place que la réalité naturelle ou surnaturelle qu'il recherchait. Le Christ et sa grâce dépassent largement les quelques idées que l'on peut s'en faire. Pour saint Thomas, la vie a toujours eu plus de consistance que les idées et cela a profondément imprégné sa vie intellectuelle et morale. Ce primat de la vie sur la connaissance,

* Cité par Benoît XVI, audience générale du mercredi 2 juin 2010.

cette façon de se laisser informer par la réalité, c'est ce qui caractérise précisément la vertu de prudence à laquelle parmi toutes les autres saint Thomas a accordé « une place tout à fait exceptionnelle* ». Cette vertu de prudence est difficile à comprendre pour une mentalité moderne. Pourtant, elle unifie de façon formidable la pensée et l'action, la personne et le réel qui l'entoure et qui l'informe. Qu'est-ce qui nous rend aujourd'hui cette vertu si étrange ou accessoire ? Pourquoi a-t-elle disparu de notre horizon moral ? Pourquoi a-t-elle été réduite à cette précaution, cette retenue devant le moindre risque pour les moins audacieux d'entre nous ?

L'homme moderne, non plus dans le monde, mais face au monde

Parmi les sociologues et philosophes qui se sont intéressés à l'homme contemporain, Charles Taylor** est celui qui a le mieux présenté la manière dont l'individu moderne s'est peu à peu retrouvé *face* au monde et non plus *dans* le monde. La modernité

* J.-P. Torrell, *Saint Thomas d'Aquin, maître spirituel*, Paris, Éd. du Cerf, 1996, p. 359.

** Ch. Taylor, *Les Sources du moi. La formation de l'identité moderne*, Paris, Éd. du Seuil, 1998.

a contribué à désengager l'individu du monde pour l'établir dans une forme d'autonomie et d'indépendance. Ce « moi » autonome et maître de lui, s'est constitué pour une large part à travers les évolutions de la philosophie de la connaissance qui pose la question : concrètement, comment est-ce que je connais les choses ? Comment les idées se forment-elles dans mon esprit ? Descartes figure parmi les premiers et principaux acteurs de ce bouleversement philosophique. Dans les diverses théories de la connaissance qui précèdent l'époque moderne, les idées sont extérieures à l'esprit et à l'intelligence humaine et d'une certaine manière, elles sont appelées à y entrer. Pour Platon, par exemple, les idées appartiennent à une sphère supérieure et l'intelligence humaine en aperçoit quelques reflets. Les idées sont extérieures à mon esprit et elles sont « vues par l'œil de l'âme ». Pour Aristote, les idées sont le résultat, dans mon esprit, d'un processus qui part des formes cachées dans les choses et dans la nature et qui en informent et renseignent mon esprit. Le rôle de l'intelligence, est « précisément de les en dégager et de les y reconnaître* ». Cette façon

* J. Chevalier, *Histoire de la pensée*, vol. 2. *D'Aristote à Plotin*, Paris, Éd. Universitaires, 1999, p. 74.

d'expliquer le mécanisme de la connaissance du monde mettait l'homme en relation avec lui. Le « moi » était un « moi poreux, [...] intégré dans un flux de vie qui comprenait à parts égales des substances matérielles et immatérielles, physiques et métaphysiques* ». L'homme se savait être de la terre, il se sentait traversé par des idées, conduit par des esprits bons ou mauvais, convoqué, appelé par Dieu. Il était un être traversé, un être en relation avec le monde qu'il cherchait à découvrir humblement de l'intérieur. Bref, un être dans le monde et non pas face à lui.

Dès avant l'essor de la philosophie des lumières, l'homme moderne est en train de se constituer et il cherche l'autonomie et l'authenticité. Charles Taylor affirme que

> le passage des idées platoniciennes aux idées cartésiennes est sans doute l'illustration la plus éloquente [de ce] changement. Chez le premier, les idées [...] sont le fondement de la réalité ; chez le second, elles sont le contenu de l'esprit**.

* H. Rosa, *Résonance*, Paris, La Découverte, 2018, p. 42-43.

** Ch. Taylor, *Les Sources du moi. La formation de l'identité moderne*, p. 245.

L'homme ne cherche plus tant à apprendre qu'à savoir. Il faut que le monde et ses systèmes entrent dans son esprit. Il faut contenir le monde dans un système géométrique, physique ou numérique. Que l'on s'appelle Galilée, Newton ou Zuckerberg, nul n'est à l'abri de cette idée fascinante que le monde peut désormais entrer et peut-être même tenir dans mon esprit.

Kant, principalement, va prolonger Descartes et creuser un peu plus cet écart entre l'individu et le monde. Pour le philosophe, l'homme porte en lui trois questions fondamentales significatives : Que puis-je savoir ? Que dois-je faire ? Et que m'est-il permis d'espérer* ? Ces questions constituent un tournant anthropologique essentiel dans l'histoire de la modernité. Cette mise en perspective avec Kant est intéressante à bien des égards puisque la vertu de prudence, que nous allons essayer de mieux comprendre, est une vertu intellectuelle mais pas seulement. La vertu de prudence est une forme de connaissance pratique qui peut nous guider sur le terrain de notre vie quotidienne. Mais pourquoi ces trois questions assez concrètes de Kant ne peuvent pas être rapprochées de la perspective plus humble

* E. Kant, *Logique*, Paris, J. Vrin, 1966, p. 25.

et plus vraie de la vertu de prudence chez saint Thomas ?

À la question : que puis-je savoir ? Kant répond : seulement ce qui est technique et physique. Le réel devient un objet devant moi. L'intelligence est rétrécie à une connaissance scientifique et technique qui se concentre sur ce qui est seulement vérifiable et certain. La connaissance provient alors des experts en tous domaines. À la question : que dois-je faire ? Kant répond par une morale du devoir, de l'obligation : cela est permis et cela est défendu. La morale kantienne n'est pas sans dignité. Mais elle repose sur l'obligation et creuse l'écart entre ce que je suis et ce que je devrais être, entre l'être et le devoir être… Et cet écart peut générer une grande culpabilité. La morale du devoir garantit une droiture de vie, mais à quel prix ? La culpabilité génère bien souvent une peur de vivre à plein et conduit à des comportements névrosés et étouffants. Enfin à la question : que m'est-il permis d'espérer ? Kant répond : un bon travail, une bonne vie… la vie ordinaire et quotidienne devient l'essentiel de mes préoccupations. Les grandes questions sur le sens de l'existence, sur la transcendance sont relayées au second plan, c'est-à-dire sur le plan des choses incertaines parce qu'invérifiables.

Ces trois questions, formulées de la sorte, entraînent un retournement de l'homme sur lui-même et participent au grand mouvement de la modernité qu'est le progrès. L'homme est préoccupé de lui-même. Aucune des questions ne concerne l'histoire ou le passé. La liberté est autoréférencée. Même la première question n'est pas « que puis-je apprendre ? » mais « que puis-je savoir ? ». Cette distance creusée entre le sujet et la réalité qui l'entoure va devenir de plus en plus grande. Fichte, par exemple, un philosophe allemand du début du XIXe siècle, va théoriser tout un système dans lequel s'opposent le « moi » et tout le reste : le « non-moi ». Et le « moi » doit apprendre à s'affirmer sur le « non-moi ». L'influence de Fichte sur la psychologie contemporaine sera considérable. Beaucoup de livres et autres ressources de développement personnel s'inspirent de cette philosophie fichtéenne qui met l'homme en relation d'adversité avec le monde. Cette opposition entre le moi et le non-moi sera retranscrite par les psychologues contemporains dans l'expression « interaction individu-milieu » qui est le postulat de base de toute la psychologie actuelle. L'enfant n'est plus à éduquer, c'est-à-dire à tirer hors de lui-même pour entrer dans le monde des relations adultes et généreuses, mais il est un être à épanouir. Il faut qu'il puisse se déployer dans le monde, en trouvant le moins de contrariétés possible sur sa route. Les relations familiales, le milieu de l'enfant, le monde autour de lui, sont des menaces potentielles et permanentes à son épanouissement personnel. Ce changement de perspective dans l'éducation, bien développé par Daniel Marcelli dans divers ouvrages*, est une conséquence directe de cette opposition, de cette relation de face-à-face entre l'homme et le monde dans la modernité.

La réalité qui m'entoure devient donc un lieu de confrontation et l'homme doit de plus en plus y opérer, se projeter, y laisser sa marque... On n'agit plus dans le monde, mais sur le monde. On assiste alors à un déferlement de projets : projets de vie, professionnels, éducatifs, pastoraux, parentaux (pour parler du désir d'enfants), management de projets... Tout ce mouvement a une autre conséquence forte que Charles Taylor a décrite avec clarté : le *rétrécissement du monde*, qui ne s'identifie

* D. Marcelli, *Le Règne de la séduction : Un pouvoir sans autorité*, Paris, Albin Michel, 2012 ; D. Marcelli, A. Lamy, *L'état adolescent : Miroir de la société*, Paris, Armand Colin, 2013.

pas mais qui accompagne le désenchantement du monde décrit par Max Weber. En réduisant le réel à ce qui est seulement visible et vérifiable, Kant et la modernité ont fait prévaloir la vie quotidienne sur tout idéal religieux, spirituel ou même philosophique. C'est la grande « affirmation de la vie ordinaire » au tournant de la modernité. En effet, la vie ordinaire a pris une place de plus en plus considérable par rapport aux grandes questions de l'existence. Pour les Anciens, ce que je voyais dans le monde, ce qui était visible, n'était que le reflet pâle d'une réalité beaucoup plus grande. Aujourd'hui, ce que je vois devant moi, ne me parle plus d'une réalité au-delà, transcendante. Cette « affirmation de la vie ordinaire » a considérablement favorisé le développement du concept de progrès dont les conséquences sont d'abord ordonnées à la vie quotidienne.

La vertu de prudence, une vertu intellectuelle à visée pratique

À l'inverse de la modernité qui entraîne à agir sur l'existence et à penser le monde comme un objet devant soi, la vertu de prudence, repensée par saint Thomas à partir d'Aristote et de Cicéron, consiste à penser et à agir dans l'existence en me laissant informer, renseigner, éclairer par la réalité. La prudence, chez saint Thomas, n'est pas cette espèce de précaution ou de vigilance devant un danger quelconque. Elle est la vertu de l'action, c'est-à-dire une vertu intellectuelle à visée pratique. C'est la raison pour laquelle saint Thomas distingue les prudents, qui savent discerner, sentir et agir, des spéculatifs qui peuvent être très performants dans un domaine d'abstraction (mathématique, physique ou métaphysique), mais complètement décalés dans leur relation au monde. Tous, nous avons déjà rencontré un intellectuel, quelqu'un de très spéculatif, à qui il semblait manquer un certain sens pratique. Mais la prudence n'est pas seulement une intelligence pratique. Elle a plus à voir avec le bon sens, le bon jugement, l'intuition des personnes, l'intelligence des situations, la sagesse des réalités humaines, bref, le discernement. Saint Thomas parle d'une sorte de sixième sens, d'une intuition de la réalité par laquelle nous connaissons les choses, un « sens intérieur, rendu apte par la mémoire et l'expérience à juger promptement des choses particulières qu'on a perçues* ». Cette vertu de l'action, du discernement

* Thomas d'Aquin, *Somme de théologie*, IIaIIae, q. 47, a. 3, sol. 3.

agissant, oblige à penser l'existence, non pas comme quelque chose d'extérieur à moi, mais comme une chose à laquelle je participe, qui m'influence, avec réalisme et humilité. Elle est la vertu qui réconcilie l'être et l'action, l'instant de la décision et le temps long de l'action, l'effort de la conscience et la vérité du réel, bien plus large que le réel mesurable.

La vertu de prudence est la seule qui ne s'obtient pas par la répétition d'actes, c'est-à-dire par une saine habitude, mais par des exercices répétés de relecture d'expériences. C'est pourquoi la prudence se nourrit de la mémoire vivante de chacun et de la mémoire de l'histoire dans laquelle nous nous inscrivons. Par cette vertu, nos actes prennent appui dans l'expérience relue, discernée et pensée. Et ce point d'appui est précisément ce qui permet une audace de l'action. La prudence est la vertu « du choix et de la décision, de la responsabilité personnelle, du risque consciemment pris[*] ». D'où l'intérêt de lire, de se cultiver, d'apprendre à relire les expériences, les échecs, les épreuves et les succès. Cette vertu de prudence empêche de prendre appui sur le fameux principe de précaution ou de tomber dans

---

* J.-P. Torrell, *Saint Thomas d'Aquin, maître spirituel*, p. 359.

une sorte d'absolutisme de l'expertise. La vertu de prudence se fonde sur la mémoire, sur la relecture, sur le discernement et déploie cette capacité à décider dans l'action sans avoir pour objectif de se couvrir de tout risque. Le chrétien ne peut penser et agir dans le monde avec ce besoin parfois un peu obsessionnel d'être assuré et couvert, pour que la situation ne se retourne pas contre lui. Cette obsession pour le risque zéro conduit inexorablement à la confusion entre le vrai et l'audible entre ce que l'on est et l'image que l'on veut donner de soi. La vertu de prudence implique de chercher le bien plus encore que sa sécurité personnelle. Cette recherche du bien ne se suffit pas de grands principes jetés ici ou là, qu'ils soient ceux du monde, relayés par les médias ou la bien-pensance actuelle ou qu'ils soient religieux, tirés d'une tradition considérée parfois comme un bloc monolithique de savoirs et de sciences qui n'honore pas la réalité profondément vivante de l'Église, de son histoire guidée par l'Esprit.

La vertu de prudence bien exercée conduit à une réelle morale de la responsabilité et de la prise de décision. Il n'y a plus besoin pour agir de maintenir sous contrôle tous les éléments du contexte, de maîtriser le plus possible les circonstances, les tenants et aboutissants. Il n'y a plus à dominer la situation, à en être le juge et le spectateur, mais à se laisser informer par elle, comme de l'intérieur. Pour mesurer cette différence, on peut se référer au champ politique. N'ayant pas ou peu de points d'appui et considérant le réel comme un objet à travailler, la façon moderne de connaître conduit tout naturellement en cas de crise à confier les rênes d'une large partie des décisions à des cellules d'experts : experts médicaux, experts antiterroristes, experts financiers et économiques. Ceux qui auraient dû renseigner, informer et se mettre au service d'une décision politique plus large prennent finalement le pouvoir. Le politique devient asservi à l'expertise. La vie obéit à la connaissance. À l'inverse, la vertu de prudence maintient le primat de la vie sur la pensée. L'expertise est au service du politique qui consiste à conduire, à décider, à gouverner une communauté humaine au milieu des vicissitudes du monde. Le but n'est pas de tout savoir, mais d'en connaître assez pour faire un choix réaliste et bon.

Cette vertu de prudence, chez saint Thomas, est vraiment la clé d'un réalisme accessible à tous. L'intelligence de la vie n'est pas l'intelligence des sages et des puissants, ou des bourgeois. Si « l'art est quelquefois spéculatif, [...] la prudence ne l'est jamais* ». C'est pourquoi des personnes simples, sans formation universitaire, peuvent témoigner d'une grande vertu de prudence. Le saint curé d'Ars n'en était pas dépourvu. Il en parle même comme d'une vertu essentielle du prêtre :

> Ce qui nous empêche d'être des saints, nous autres prêtres, c'est le manque de réflexion. On ne rentre pas en soi-même ; on ne sait pas ce qu'on fait. C'est la réflexion, l'oraison, l'union à Dieu qu'il nous faut** !...

« Rentrer en soi-même », comme le fils prodigue (voir Lc 15, 17) pour réfléchir à sa vie, ce n'est pas tant un effort intellectuel ou spéculatif, qu'un travail de discernement, préalable à toute vertu de prudence. Ce réalisme de saint Thomas, qui est intelligence de l'action et dont les principes « sont accessibles à tous, et non pas réservés à une élite

---

* THOMAS D'AQUIN, *Somme de théologie*, IIaIIae, q. 47, a. 2, sol. 3.

** J.-M. VIANNEY, cité dans *Sacerdotii nostri primordia*, Lettre encyclique à l'occasion du centenaire de la mort de saint Jean-Baptiste Vianney du pape Jean XXIII.

instruite ou raisonneuse[*] », doit être recherché comme une vertu éminente du chrétien qui vit et œuvre dans le monde.

Le chrétien doit vivre et penser dans le monde

Comme son maître, le chrétien est appelé à vivre dans le monde, et non pas au-dessus du monde. Le Verbe incarné ne nous divinise pas seulement, il nous humanise aussi[**]. C'est un trait étonnant de la prédication des Pères de l'Église : le Christ non seulement nous fait devenir Dieu mais il nous rend aussi plus humains. Cette vertu de prudence doit aider les chrétiens à entrer de plus en plus dans le monde, à ne jamais se contenter de le regarder dans un face-à-face idéaliste ou communautariste et donc stérile.

La liberté du chrétien dans le monde ne prend pas ombrage de cette incarnation. Bien au contraire, elle se déploie davantage à l'intérieur des réalités

---

* J.-P. Torrell, *Saint Thomas d'Aquin, maître spirituel*, p. 361.

** Concile Vatican II, *Gaudium et Spes*, n° 41 : « Quiconque suit le Christ, homme parfait, devient lui-même plus homme. »

du monde, comme la semence qui doit tomber en terre pour porter tout son fruit. Les trois questions kantiennes que nous venons de voir, rétrécissent notre liberté. On pourrait les remplacer par trois autres questions tirées des évangiles :

Qui cherches-tu ? (Jn 18, 4). C'est-à-dire, qui puis-je croire ? La vraie liberté me met en relation avec les autres, plutôt qu'elle ne m'isole. Quels sont mes modèles, mes maîtres, ceux que je voudrais suivre ? Les personnes auxquelles je voudrais m'identifier ? Car l'identification est un processus que l'on a supprimé dans notre société et qui est pourtant fondamental dans la construction de soi : figures de saints, de héros, figures mythologiques... La vertu de prudence s'appuie sur la relecture d'événements passés et de figures passées. La vertu de prudence n'est pas seulement une vertu de l'action mais aussi celle qui me met en relation.

Que veux-tu ? (Lc 18, 41). Quels sont tes désirs les plus profonds, derrière ceux qui te préoccupent habituellement ? Je voudrais ne pas rater cet événement. Pourquoi ? Parce que tout le monde y sera... Pourquoi ? Parce que je ne veux pas avoir le sentiment de rater quelque chose... Pourquoi ? Parce que je voudrais compter aux yeux des autres. Pourquoi ? Parce que j'ai besoin d'être aimé. Pourquoi ?... Autant de questions qui nous apprennent à descendre en nous, à nommer les désirs les plus profonds qui se cachent : désir de transmission, désir de don, désir d'aventure, désir de silence, désirs de relations.

Pourquoi craignez-vous ? (Mt 8, 26). Quelles sont mes peurs ? Et que révèlent-elles de moi et de mes espérances ? Mes ennemis le sont-ils vraiment ? Mes craintes n'en cachent-elles pas d'autres, insoupçonnées ?

Ainsi mon intelligence doit chercher dans mes expériences et dans mon monde intérieur les grandes aspirations de ma vie. Quels désirs m'habitent ? C'est dans le concret de mon existence, de mes désirs, de mes peurs, de mon histoire que je suis appelé à discerner mon action dans le monde. C'est en cherchant à connaître l'histoire, les expériences d'autres que moi, sur lesquels je peux prendre appui, que je peux m'avancer dans le monde et y entrer plus avant, dans la liberté et l'audace.

L'arbre de la vie et l'arbre de la connaissance

La philosophie presque religieuse du progrès contraint toujours à repartir de zéro, à former des projets à partir de soi. Pour Kant et pour bien d'autres, le point d'appui de l'action n'est plus l'expérience relue et comprise, mais la connaissance pure, l'expertise. Dans le livre de la Genèse, Adam et Ève ont préféré choisir l'arbre de la connaissance plutôt que l'arbre de la vie. Ils ont préféré connaître plutôt que vivre. Peut-être était-ce là leur péché ? Ils ont préféré conduire leur vie par la certitude de leurs idées, de leur connaissance, plutôt que par la confiance et la relation. Ils ont choisi leur tête et écarté leur cœur. C'est parfois ce que nous faisons parce que nos connaissances sont rassurantes tandis que nos expériences relues et discernées sont plus aléatoires, plus mouvantes. La connaissance peut être une espèce de tour de contrôle fabuleuse qui nous fait observer et juger de tout. L'expérience nous conduit au cœur et le cœur est beaucoup plus vulnérable.

Nous avons besoin, dans notre vie quotidienne de nous réinterroger avec humilité. Qu'est-ce qui guide ma vie ? Moi, ma tête, mes connaissances, mon savoir ? Ou bien mes relations, mon discernement, mes doutes aussi. N'en déplaise à Descartes, notre vie n'est pas « claire et distincte* ». Dans l'expression célèbre de Spinoza : « Ne pas rire, ne pas pleurer, ne pas haïr, mais comprendre** », ce dernier invite à s'extraire de la vie pour mieux penser. Il poursuit ce mouvement qui veut nous faire vivre en nous appuyant avant tout sur la connaissance. Pourtant, nos larmes, nos rires et même nos haines ont des choses à nous apprendre. Petit à petit, on apprend à penser au-dessus de l'existence, au-dessus de la vie, au-dessus de nos passions et émotions. Et si c'est une connaissance, ça n'est pas du discernement.

Le chrétien dans le monde, lui, ne peut pas penser depuis sa tour de contrôle, il ne peut pas le faire à partir de théories toutes faites. Il doit penser à partir de la vie, parce qu'elle l'emporte sur la pensée. La liberté n'est pas une évasion du monde, mais sa traversée. La liberté ne consiste pas à s'extraire des relations – comme le signifie l'adage bien

---

* R. DESCARTES, *Descartes : Œuvres et lettres*, Paris, Gallimard, 1937, p. 284.

** Voir Ch. RAMOND, « Ne pas rire, mais comprendre », *Revue de philosophie de France de l'Université de Toulouse-Le Mirail*, Paris, Kairos, 1998, p. 97.

connu: « Ma liberté s'arrête là où commence celle des autres » –, mais à entrer en relation. La parabole du Bon Samaritain témoigne magnifiquement de cette vertu de prudence. Les connaissances du prêtre et du lévite, des experts du culte et de la loi, justifient de ne pas s'arrêter pour secourir l'homme blessé. Mais l'intelligence des entrailles et des tripes, l'intelligence du cœur parlent plus fort chez ce bon samaritain. Jésus montre de nombreuses fois dans les évangiles sa capacité à laisser parler ses entrailles et à se laisser guider par ses émotions profondes. Sa capacité à changer d'avis ou d'itinéraire manifeste une intelligence qui ne se place pas en surplomb de la vie, mais au cœur de celle-ci.

Apprendre de la vie

Un des points les plus marquants du pontificat du pape François est probablement de nous inviter à apprendre de la vie. Car il y a une manière moderne, kantienne, d'être chrétien, d'utiliser et d'interpréter nos connaissances spirituelles sans apprendre de la vie. Par crainte d'appartenir au monde, on court le risque de vivre au-dessus de lui et ce risque de vivre sa foi chrétienne de façon désincarnée peut prendre plusieurs formes.

Le premier écueil consiste à utiliser le magistère ou la tradition de l'Église d'une façon kantienne, c'est-à-dire comme un système clos, comme une pensée qui gouverne la vie. La tradition n'est plus qu'un contenu de connaissances et l'on oublie qu'elle est un geste de transmission. Cette façon rigide de considérer le magistère ou la tradition, comme déconnectés de la vie, conduit à vivre en dehors du monde ou un peu au-dessus. Sans compromettre une saine écoute et une obéissance à l'Église, il convient au contraire de voir dans le magistère ce qui est profondément vivant et qui se nourrit de l'expérience d'autres que moi, de l'expérience des saints et de ceux qui ont cherché Dieu. C'est aussi apprendre à lire les signes des temps, la façon dont l'Esprit parle aux Églises (voir Ap 2, 7) et conduit l'Église.

Le deuxième écueil consiste à promouvoir un idéalisme chrétien, humaniste, qui ignore les lois et la chair du monde, qui fait survoler l'existence réelle. Jésus a parlé de la violence de ceux qui désirent le Royaume, il a parlé des divisions familiales, du glaive qu'il est venu apporter… Appartenir à Dieu dans le monde, avoir part au Ciel et à la terre, ne consiste pas à trouver un espace au milieu pour n'être ni complètement du Ciel ni complètement de la terre. Les grands saints nous donnent le témoignage d'une profonde solidarité avec les plus pauvres et d'une grande conscience du mystère de Dieu. Ils savent, comme par une intuition spirituelle, que Dieu est tout autant dans le cœur du pauvre que dans le mystère auquel la liturgie nous rend participants. La tentation est grande de se frayer un chemin au milieu de cet écart, de rabaisser un peu le mystère pour mieux le contenir et de fuir la réalité de la vie concrète et douloureuse. La tentation est grande de n'être ni du Ciel ni de la terre. Il peut arriver que l'on s'illusionne soi-même, mais paradoxalement, il est assez rare qu'on illusionne les autres.

Par cette vertu de prudence, le chrétien apprend à entrer vraiment dans le monde tel qu'il est, à recevoir de lui ce qu'il peut recevoir, à apprendre des relations et des personnes, à conduire sa vie, sans maîtrise ni instinct de puissance, mais humblement et avec responsabilité. Dans de nombreuses paraboles, Jésus met en avant l'importance de la responsabilité, de la gestion, de l'administration d'un domaine. La gestion d'un domaine n'est pas une science exacte mais réclame du discernement, un sens pratique, une obéissance aux lois de la nature et une prévoyance intelligente. Cette vertu de prudence est vraiment un gouvernement de soi-même dans le monde. Ainsi, dans sa relation au monde, le chrétien est appelé à avoir une intelligence humble, à entrer vraiment dans la réalité du monde tel qu'il est, sans le survoler et sans le fuir non plus. Cette humilité de l'intelligence, cette capacité à faire des choix réalistes et humains sont des trésors pour une vie chrétienne.

4

Chercher en gémissant

> Et je ne puis approuver que ceux qui cherchent en gémissant.
>
> Blaise Pascal.

En 1654, le 8 novembre, Blaise Pascal se rend à Argenteuil. Il travaille cette année-là sur une méthode de résolution dite « du problème des partis », qui donnera naissance au calcul des probabilités et influencera considérablement les théories économiques des siècles suivants. Il pense probablement à cette méthode alors qu'il est en route vers Argenteuil, dans le carrosse de son ami Artus de Roannez et qu'il passe le pont de Neuilly. Il connaît alors un terrible accident. Sur le pont détrempé, les chevaux glissent… Ils s'emballent et, entraînés par le poids et la vitesse, plongent par-delà le parapet. Heureusement l'attelage s'est rompu ! La voiture est là, en équilibre, sur le bord du pont et Blaise Pascal aussi, entre la vie et la mort. Il restera inconscient quinze jours durant et toute sa vie souffrira d'une angoisse : celle d'un « vide sur le côté gauche ».

Il a connu la peur de la mort et la fragilité de l'existence. Cette expérience éprouvante le conduira peut-être à sa conversion quelques semaines plus tard. À l'image de la hanche démise de Jacob, de cette mystérieuse écharde dans la chair de saint Paul, ce vertige physique insécurisant et angoissant conduira Blaise Pascal à cette grâce éprouvante mais si féconde qui ne permet plus de prendre appui seulement sur soi. Cette expérience de la fragilité de l'existence et de sa vulnérabilité est profondément transformante. Beaucoup de ceux qui ont connu une semblable expérience, dans une épreuve de santé physique ou psychique, comprennent désormais la fragilité des certitudes sur lesquelles ils pensaient s'appuyer. On mesure alors que la vie est une recherche humble de la vérité et que nul ne la possède. Étonnante fécondité de cette fragilité. Parce qu'il devient impossible de ne vivre qu'à partir de soi-même, c'est tout un monde de relations transformées qui s'ouvre devant nous, relations de confiance, d'abandon, d'humilité et finalement d'amour.

Bien souvent, on peut entendre de la part de non-croyants que la foi est une consolation dans l'épreuve ou la maladie. « Si la religion peut lui faire du bien… » C'est une grande erreur d'appréciation, qui se veut peut-être compatissante mais qui a parfois une connotation un peu méprisante. En réalité, beaucoup découvrent l'expérience de la foi dans un moment de vulnérabilité parce que dans l'épreuve ou devant la mort, toutes les illusions de notre vie s'effondrent. Dans l'épreuve apparaît ce qui tient vraiment et seulement cela ; les fausses amitiés, les fausses certitudes, les fausses convictions, les fausses sécurités disparaissent. Alors, quand tout ce qui est faux s'efface, ce qui est vrai, ce qui est beau, ce qui est solide apparaît. En faisant l'expérience de n'être plus maître de la vie – dans la maladie par exemple – l'expérience de la foi, de la rencontre avec Dieu, devient accessible. Dieu peut se manifester sans trouver la porte de notre cœur fermée par les verrous de notre toute-puissance et de nos idées claires et distinctes. Cette expérience de la fragilité et du vertige de l'existence a permis à Blaise Pascal de sentir dans sa chair le gémissement des autres, le cri de ceux qui cherchent la lumière dans l'obscurité du monde sans trouver de point d'appui. Parce qu'il connaît sa fragilité intérieure, le chrétien doit entrer dans cette communauté humaine en quête de vérité dans l'obscurité et les épreuves. Le chrétien doit partager le destin de ceux qui cherchent sans posséder.

Rechercher Dieu

Saint Benoît dit de celui qui se présente au monastère pour devenir moine qu'on devra avant tout discerner « s'il cherche vraiment Dieu* ». Cette quête de Dieu doit se poursuivre, authentique et profonde, tout au long de l'existence. Pour signifier cela, beaucoup de saints et de mystiques ont eu recours à des images relatives à un itinéraire : la montée d'une échelle pour saint Jean Climaque, un long voyage pour saint Thomas d'Aquin, la visite d'un château intérieur pour sainte Thérèse d'Avila, la traversée d'un exil pour sainte Thérèse de Lisieux... Toutes ces images induisent une réalité fondamentale de la vie chrétienne : nul n'est arrivé. Nous restons pèlerins sur cette terre et nous suivons, dans les épreuves, celui qui a dit : « Je suis le Chemin, la Vérité, et la Vie » (Jn 14, 6). Le chrétien ne possède pas la vérité comme il posséderait une opinion ferme et réfléchie, mais il marche après *celui qui est la Vérité*. Le Christ est vivant en lui et, par cette présence mystérieuse et par la grâce de l'Esprit vivant dans l'Église, le chrétien est irradié de l'intérieur par celui qui est la Vérité. La vérité

* *Règle de saint Benoît*, 58, 7.

n'est donc pas d'abord une connaissance, mais une personne. Et cette personne se donne à connaître dans l'Évangile et la Tradition de l'Église.

Il est nécessaire que le chrétien témoigne de cette dimension d'itinérance, qu'il témoigne de son cheminement et de sa recherche personnelle de Dieu. S'il n'est pas sans certitude concernant le Christ et son Église, il continue à chercher Dieu, convaincu qu'il n'a pas encore saisi celui par qui il a lui-même été saisi (Ph 3, 12). Le chrétien ne peut pas *saisir* le Christ. Et il ne pourra jamais dire avoir *saisi* la vérité. Il ne peut que témoigner d'avoir *été saisi* par elle, et c'est immensément plus beau. Cette recherche continuelle ne peut se faire sans gémissements. En cherchant, le chrétien se fait solidaire de celui qui cherche, dans l'obscurité du monde, la lumière du Christ. La vérité sur Dieu nous est tellement intime :

> L'immortalité de l'âme est une chose qui nous importe si fort, qui nous touche si profondément, qu'il faut avoir perdu tout sentiment pour être dans l'indifférence de ce qui en est. [...] C'est pourquoi, entre ceux qui n'en sont pas persuadés, je fais une extrême différence entre ceux qui travaillent de toutes leurs forces à s'en instruire et ceux qui vivent sans y

penser. Je ne puis avoir que de la compassion pour ceux qui gémissent sincèrement dans ce doute*.

Magnifiques compassion et solidarité humaine de Pascal qui a cherché toute sa vie en gémissant.

Souffrir pour trouver la vérité

Quand Isaïe parle de Dieu qui se cache (Is 45, 15), c'est peut-être une façon de stimuler notre désir de le chercher, de le connaître et de rappeler qu'on ne met pas la main sur lui. La recherche de Dieu, par la théologie, le culte ou la prière, n'est jamais une mainmise sur Dieu. On ne comprendra jamais Dieu. Voilà en quoi consiste la théologie dite « apophatique », respectueuse du mystère de Dieu. Cette théologie préfère dire ce que Dieu n'est pas, par crainte de le contenir, de le rétrécir dans des concepts humains toujours inadéquats, incapables de retranscrire la beauté, la vérité et la bonté de Dieu. En disant de Dieu qu'il est infini, cette théologie préserve son mystère qu'aucune finitude ne peut délimiter.

* B. PASCAL, *Œuvres complètes*, Paris, Éd. du Seuil, 1966, p. 552.

Nous avons parfois beaucoup de choses à dire sur Dieu, mais peut-être devrions-nous revenir à cette sagesse de commencer par avouer qu'on ne peut pas en dire grand-chose sans risquer de mal parler. C'est l'expérience que font les amis de Job, qui parlent abondamment de Dieu, pour tenter de trouver une signification à la souffrance de leur ami. Mais à force de paroles, ils confondent leurs propres idées avec Dieu lui-même :

> Le Seigneur dit à Élifaz de Témane : « Ma colère s'est enflammée contre toi et contre tes deux amis, parce que vous n'avez pas parlé de moi avec justesse comme l'a fait mon serviteur Job » [Jb 42, 7].

Nos images, nos concepts sont souvent trop étroits, trop imprégnés de nos projections personnelles. Qui peut vraiment échapper à cette tentation ? La foi chrétienne enseigne « que les hommes sont dans les ténèbres et dans l'éloignement de Dieu, qu'il s'est caché à leur connaissance, que c'est même le nom qu'il se donne dans les Écritures, *Deus absconditus** ». Le Dieu caché rend humble et petit. C'est pourquoi Dieu se révèle aux pauvres en esprit, c'est-à-dire à ceux qui ne sont pas riches de leur

* *Ibid.*

théologie et de leur pensée, riches de leurs concepts et de leurs spéculations, riches de leurs idées et de leurs certitudes : « Ce que tu as caché aux sages et aux savants, tu l'as révélé aux tout-petits » (Lc 10, 21).

Chercher en gémissant, c'est accepter de se laisser bousculer par le mystère de la souffrance qui nous révolte et qui scandalise tant de nos contemporains.

Chercher en gémissant c'est refuser de se laisser anesthésier par le confort d'une vie matérialiste qui oublie Dieu.

Chercher en gémissant, c'est se laisser habiter par cette inquiétude spirituelle dont parle saint Augustin : « Mon cœur est sans repos tant qu'il ne demeure en toi[*] », et qui faisait dire au cardinal Suhard que le prêtre devait être, en ce sens, « ministre de l'inquiétude », « le dispensateur d'une soif et d'une faim nouvelles[**] » et conduire à « ce tourment de l'infini, qui a fait pousser aux mystiques et aux penseurs de tous les temps des cris d'appel si bouleversants[***] ».

---

* AUGUSTIN, *Confessions* I, 1, 1.

** E. SUHARD, *Le Prêtre Dans La Cité*, Paris, Lahure, 1949, p. 32-33.

*** *Ibid.*

Chercher en gémissant, c'est chercher avec sa tête, mais plus encore avec ses tripes.

Chercher en gémissant, c'est pouvoir dire un jour au Seigneur : « Si tu avais été là, mon frère ne serait pas mort » (Jn 11, 21), c'est pouvoir réciter toutes les plaintes des psaumes, les cris de douleurs et de colère, sans les survoler, sans les adoucir. C'est chercher Dieu du fond de son cœur et de sa chair, apprendre de la souffrance et de l'épreuve comme Job et pouvoir dire un jour : « Je te connaissais par ouï-dire, maintenant mes yeux t'ont vu » (Jb 42, 5).

Chercher en gémissant, c'est refuser les idées claires et distinctes de Descartes qui a « chassé pour toujours le mystère de notre vie* », selon l'expression de Léon Chestov.

Chercher en gémissant, c'est refuser de comprendre – de contenir pour mieux dominer – l'univers et ses mystères dans un système quel qu'il soit. C'est chercher à connaître le monde toujours mieux et plus, sans en devenir le maître. C'est aussi le redécouvrir dans sa beauté et son innocence, comme Jean Anouilh nous y invite :

* L. Chestov, *Sur la balance de Job : Pérégrinations à travers les âmes*, Paris, Le Bruit du temps, 2016, p. 392.

> Comprendre... Vous n'avez que ce mot-là dans la bouche, tous, depuis que je suis toute petite. Il fallait comprendre qu'on ne peut pas toucher à l'eau, à la belle et fuyante eau claire parce que cela mouille les dalles, à la terre parce que cela tache les robes. Il fallait comprendre qu'on ne doit pas manger tout à la fois, donner tout ce qu'on a dans ses poches au mendiant qu'on rencontre, courir, courir dans le vent jusqu'à ce qu'on tombe par terre et boire quand on a chaud et se baigner quand il est trop tôt ou trop tard, mais pas juste quand on en a envie ! Comprendre. Toujours comprendre. Moi, je ne veux pas comprendre. Je comprendrai quand je serai vieille. (Elle achève doucement.) Si je deviens vieille. Pas maintenant*.

Chercher en gémissant, c'est alors accepter que la pensée arrive après la vie et que la vie déborde notre pensée et notre raison.

Chercher en gémissant, c'est partager le sort de nos contemporains qui ne connaissent pas l'espérance de la foi, comme sainte Thérèse de Lisieux qui s'est assise à la table des pécheurs, en communiant aux ténèbres de l'athéisme contemporain.

---

* J. Anouilh, *Antigone*, Paris, Gallimard, 2007, t. I, p. 636.

Souffrir par la vérité

Cette recherche dans l'obscurité exige l'inconfort d'avancer en comptant sur la lumière et la présence d'un autre, c'est là le mystère de la révélation. En témoignant de cette quête intérieure, le chrétien peut alors dire avec audace ce qui n'est pas la vérité. Il peut alors affirmer, sans jugement et sans mépris, sans dureté mais sans complaisance ce qui la déforme. Il peut se tenir debout, humble devant sa propre recherche mais fort de son désir et de la grâce qui lui est faite, face à ceux qui déguisent la vérité et s'en servent pour mieux dominer. Le chrétien apprend alors avec le Christ à souffrir non seulement pour la vérité mais aussi par elle. Il découvre qu'elle a du prix et un coût.

Le discours d'Alexandre Soljenitsyne à Harvard, en 1978, est un magnifique témoignage de cette vérité qui coûte. Invité pour faire l'éloge du monde libre, c'est-à-dire du modèle occidental face au communisme, alors qu'il est exilé depuis quelques années, Soljenitsyne fait œuvre de vérité :

> La devise de Harvard est *veritas*. La vérité est rarement douce à entendre ; elle est presque toujours amère. Mon discours d'aujourd'hui contient une part

de vérité ; je vous l'apporte en ami, non en adversaire... Il est temps, à l'Ouest, de défendre non pas tant les droits de l'homme que ses devoirs. Si l'on me demandait [...] si je pourrais proposer l'Ouest, en son état actuel, comme modèle pour mon pays, il me faudrait en toute honnêteté répondre non. Non, je ne prendrais pas votre société comme modèle pour la transformation de la nôtre... Après avoir souffert pendant des décennies de violence et d'oppression, l'âme humaine aspire à des choses plus élevées, plus pures que celles offertes aujourd'hui par les habitudes d'une société massifiée, forgée par l'invasion révoltante de publicités commerciales, par l'abrutissement télévisuel et par une musique intolérable. Comment l'Ouest a-t-il pu décliner, de son pas triomphal à sa débilité présente ? Nous avions placé trop d'espoirs dans les transformations politico-sociales, et il se révèle qu'on nous enlève ce que nous avons de plus précieux : notre vie intérieure*...

Un an après, Mère Térésa recevait le Prix Nobel de la paix. Son discours sur la défense de la vie humaine est imprégné du même esprit et du même courage**. La vérité coûte. Il faut se méfier d'une

* A. Soljenitsyne, *Le déclin du courage*, discours à Harvard le 8 juin 1978.

** Discours de Mère Teresa à Oslo lors du Prix Nobel le 10 décembre 1979.

vérité qui éclaire sans brûler quelques scories. Il faut se méfier d'une vérité qui ne dérange pas. Il faut se méfier d'une vérité qui endort paisiblement. Alexandre Soljenitsyne, comme Mère Térésa, ont cherché la vérité et l'ont aimée en gémissant. Cet amour de la vérité est l'unique raison pour laquelle leurs discours, aussi tranchants soient-ils, ne sont pas des paroles qui jugent mais qui édifient. Alors même qu'ils ont subi l'un et l'autre une forme de persécution après leur prise de parole forte, ils sont restés sous la vérité, ils se sont placés comme des serviteurs de la vérité. C'est une différence d'attitude intérieure. Ils sont restés fidèles à la parole de saint Paul à Timothée : « Proclame la Parole, interviens à temps et à contretemps, dénonce le mal, fais des reproches, encourage, toujours avec patience et souci d'instruire » (2 Tm 4, 2).

Les réseaux sociaux font courir le risque aux chrétiens de dire la vérité sans souffrir pour elle, de juger et de s'indigner en étant hors du monde, cachés derrière un écran. Chercher en gémissant, c'est s'interdire de devenir l'arbitre du monde, c'est se défendre de monter dans une haute tour de contrôle pour évaluer, juger puis condamner. Prendre la parole à temps et à contretemps exige que l'on ne soit pas hors de la mêlée mais au cœur, quitte à prendre des coups. Ce n'est qu'en cherchant encore et toujours une vérité qui nous devance que nous serons à notre place de chrétiens dans le monde. Nos contemporains sentent instinctivement si vraiment nous cherchons Dieu, embarqués avec eux dans la même existence. Mais ils perçoivent aussi celui qui ne cherche plus, celui qui sait tout par avance, sûr de ses idées et qui ne comprend pas ceux qui n'ont pas trouvé.

Donner soif au monde

Par ce témoignage, le chrétien peut aussi remplir sa mission d'être *sel* dans le monde. Par la Révélation qui lui est donnée par l'Évangile et transmise dans l'Église, par le témoignage des bonnes œuvres de sa vie, il est une *lumière* pour le monde. Mais comment est-il sel pour la terre ? Le sel donne du goût, certes. Il peut aussi conserver. Mais le sel est aussi ce qui donne soif, et c'est peut-être à cela que le chrétien est appelé. Donner soif au monde ou révéler au monde qu'il a soif, comme Jésus à la Samaritaine qui finit par lui dire : « Donne-moi de cette eau pour que je n'aie plus soif » (Jn 4, 15). C'est un trait commun chez les personnes âgées de ne plus ressentir la sensation de la soif, et cela génère une grande fatigue. On estime habituellement qu'une personne en bonne santé ressent une sensation de soif quand son stock hydrique a diminué de trois ou cinq pour cent. Chez les personnes de plus de soixante-dix ans, la sensation de soif n'apparaît que lorsque la personne a éliminé cinq à sept pour cent de son stock hydrique. Cette déshydratation participe à une forte fatigue musculaire et psychologique. C'est une bonne image pour parler de notre monde fatigué parce qu'il a soif. Mais il ne sait plus qu'il a soif. Alors il avance, stressé, sans bien comprendre à quoi est due cette fatigue de fond qui lui laisse une grande tristesse. « Si tu savais le don de Dieu. » Le chrétien ne peut révéler cette soif que si lui-même s'abreuve de la vie du Christ dans sa prière et sa recherche de Dieu. Mais s'il ne recherche plus, parce qu'il sait, alors il ne donnera plus accès à l'eau de la vie éternelle, mais à la sienne propre, une eau moins belle voire un peu trouble comme une eau qui stagne, et qui est vite épuisée. Il nous faut donner accès à l'eau qui passe en nous, pas à celle qui stagne et pour cela, il nous faut toujours rechercher Dieu, recevoir de lui notre lumière.

Jusqu'à la fin des temps

Le chrétien cherche parce qu'il sait qu'il n'est pas arrivé. Mais il sait que cette recherche n'est pas éternelle. Il sait qu'un jour viendra où il verra Dieu face à face. Il sait que la vérité éclairera son âme tout entière sans résistance ni opacité. Qu'est-ce que cela peut bien signifier pour nous sinon que notre traversée de l'existence et de l'histoire ne ressemble pas à une entreprise humaine. L'existence est pour moi une traversée. Mais elle l'est aussi pour Dieu, puisqu'il est venu me chercher. Alors notre histoire personnelle, comme l'histoire du monde entier, c'est aussi l'histoire d'une initiative de Dieu à laquelle il nous faut consentir.

Cette initiative divine, toute de miséricorde, ce salut donné au monde une fois pour toutes sur la croix, doit se répandre dans l'espace et le temps par la croissance du Règne de Dieu. Si le chrétien cherche lui aussi le Royaume caché auquel il participe par la grâce de son Baptême, il comprend que sa croissance ne ressemble pas au succès du monde. Il sait que la croissance du Royaume passe par l'expérience de la nuit de Gethsémani et par la passion du Christ. C'est pourquoi il n'œuvre pas dans le monde à la façon du monde : « Remets ton épée au fourreau » (Jn 18, 11). À la fin des temps, l'avènement du Royaume ressemblera à la passion du Christ, porte étroite du salut :

> Le Royaume ne s'accomplira donc pas par un triomphe historique de l'Église (voir Ap 13, 8) selon un progrès ascendant mais par une victoire de Dieu sur le déchaînement ultime du mal (voir Ap 20, 7-10) qui fera descendre du Ciel son Épouse (voir Ap 21, 2-4)*.

Dur consentement que de remettre son épée au fourreau, que de renoncer à la force, pour entrer dans l'amour. Jésus a remis sa volonté au Père et Pierre a renoncé à ses idées et ses tactiques. Ce consentement à la passion n'est pas un abandon. En consentant à ne pas prendre les armes du monde, le chrétien comprend quel est vraiment son adversaire :

> Revêtez l'équipement de combat donné par Dieu, afin de pouvoir tenir contre les manœuvres du diable. Car nous ne luttons pas contre des êtres de sang et de chair, mais contre les Dominateurs de ce monde de ténèbres, les Principautés, les Souverainetés, les esprits du mal qui sont dans les régions célestes [Ep 6, 11-12].

* *Catéchisme de l'Église Catholique*, n° 677.

Le combat du chrétien est plus que réel. Il ne combat pas ses frères mais les dominations du monde. Contre ces esprits du mal à l'œuvre dans le monde, le seul équipement de combat que l'on peut revêtir est celui dont parle saint Paul (Ep 6, 13-17) : la vérité en parole, la justice sociale, l'ardeur à annoncer l'Évangile, la foi et la prière, l'espérance d'être sauvé par Dieu, c'est-à-dire par un autre que soi, et la parole de Dieu.

L'attente eschatologique, c'est-à-dire l'attente de la fin des temps, n'est donc pas une entreprise mais un combat qui se passe tout à la fois dans le Ciel – mystère surnaturel d'un combat qui nous dépasse – et dans notre cœur, mystère du mal qui s'est immiscé en nous, tapi à la porte de notre cœur, prêt à bondir comme un fauve (Gn 4, 7). Chercher en gémissant, c'est donc se faire solidaire de toute l'humanité qui cherche et qui subit les conséquences de ce combat et qui bien souvent y participe. Chercher en gémissant, c'est combattre sans se durcir, c'est aimer la vérité sans la posséder, c'est ranger son épée au fourreau, comprendre que notre vie, nul ne la prend, mais qu'il nous faut la donner.

5

Prendre le risque d'aimer

> Les honnêtes gens ne mouillent pas à la grâce. C'est pour cela que rien n'est contraire à ce qu'on nomme la religion comme ce qu'on nomme la morale.
>
> CHARLES PÉGUY.

En décembre 1899, avant même d'avoir selon ses mots « retrouvé » la foi, Charles Péguy participe au congrès des organisations socialistes françaises. Au cours de ce congrès, les socialistes instaurent une forme de censure ou au moins une discipline visant à réguler les organes de presse du parti. Péguy est extrêmement déçu. Même Jean Jaurès ne s'est pas opposé radicalement à cette restriction de la liberté de pensée. Péguy est un amoureux de la liberté et de la liberté de conscience. Déçu donc, il fonde en 1900 les *Cahiers de la quinzaine*, un journal bimensuel, auquel il travaillera avec force jusqu'en 1914 et qui constitue l'œuvre de toute sa vie. Dans ces *Cahiers de la quinzaine*, Péguy ne veut qu'une chose : que l'on s'attache aux misères et aux pauvretés de son époque. Il veut entrer dans cette misère, rétablir la justice, travailler, comprendre, servir de toutes ses forces, quoi qu'il en coûte. Dans tous ses écrits, Charles Péguy manifeste son attachement à ceux qui vivent dans la misère et son désir de « sauver de la misère le plus grand nombre* ».

L'intuition de ces *Cahiers de la quinzaine* se rapproche de ces lignes magnifiques dans lesquelles il rejette pour toujours l'idée d'une pensée toute faite. Dans ces *Cahiers*, Péguy veut entrer dans la vie sociale, spirituelle et charnelle. Il accepte la contradiction, la pluralité des voix. En 1905, il dénonce dans *Heureux les systématiques* l'esprit de système qui veut tout classifier et maîtriser et qui empêche d'entrer dans la vie. Le 5 septembre 1914, Charles Péguy est tué près de Meaux d'une balle dans la tête, quelques semaines après avoir écrit à son amie Geneviève Favre : « Je pars soldat de la République, pour le désarmement général et la dernière des guerres. »

Dans ses nombreux combats, Charles Péguy s'est engagé à fond, a pris des risques pour lui-même, sa réputation, son succès, ses biens et sa pensée. Il ne suffit pas de penser ni même de bien penser, il faut

* Ch. PÉGUY, *De Jean Coste*, dans *Œuvres en prose*, Paris, Gallimard, coll. « Bibliothèque de la Pléiade », 1987, p. 1022.

s'attacher aux misères du temps, y entrer et servir. Mais pour entrer dans les misères du temps, il est nécessaire de se défaire de ce vernis de la morale sociale qui n'a rien à voir avec la droiture du cœur ni sa bonté, mais qui est plutôt cette apparence, ce masque de convenance derrière lequel il arrive de se cacher – toutes ces habitudes de société et de mondanité qui ont la prétention de passer pour des vertus.

> Parce qu'il y a quelque chose de pire que d'avoir une mauvaise pensée. C'est d'avoir une pensée toute faite. Il y a quelque chose de pire que d'avoir une mauvaise âme et même de se faire une mauvaise âme. C'est d'avoir une âme toute faite. Il y a quelque chose de pire que d'avoir une âme même perverse. C'est d'avoir une âme habituée.

Charles Péguy s'engage de toute son énergie contre cette morale du paraître qui empêche de descendre dans les misères et les pauvretés, dans la chair de l'humanité. Pour cela, il affirme sans hésiter que cette « morale enduit l'homme contre la grâce », que ces façades et ces habitudes mondaines, ces raisonnements et ces résistances que l'on se justifie à soi-même rendent « imperméable à la grâce* ».

---

* Ch. Péguy, *Note conjointe sur M. Descartes et la philosophie cartésienne*, p. 1386-1391.

Prendre le risque de vivre

Si le chrétien est un ambassadeur, s'il accepte de dialoguer avec le monde, de converser avec lui, s'il brûle du désir de lui faire connaître l'amour de Dieu, s'il consent à ne pas penser en juge ou en spectateur l'existence, s'il continue à chercher en gémissant, c'est-à-dire en acceptant de souffrir pour la vérité, il doit aussi accepter de se retrousser les manches et de descendre, vulnérable mais décidé, dans la pauvreté de l'humanité, dans ses recoins sombres comme dans ses espérances. Il sait prendre le risque de vivre parce qu'il sait ce qu'est le risque d'aimer. Il sait aussi que cet amour engage sa réputation, sa santé, sa probité morale personnelle et toute son existence.

Mystérieusement, le contact de la pauvreté entraîne souvent une peur plus ou moins consciente ou avouée d'en être contaminé. Le baiser au lépreux de saint François est devenu une icône de la charité chrétienne parce que le cercle de la peur et du rejet s'est trouvé brisé de l'intérieur par la force de l'amour. Ce risque de la relation, de la vulnérabilité, Jésus nous le montre sans arrêt dans les évangiles, lui que l'on finit par appeler « l'ami des publicains et des pécheurs » (Mt 11, 19). De très nombreux moments manifestent cette capacité à risquer la rencontre, libre du regard et du jugement des autres, comme cette magnifique rencontre avec la Samaritaine.

Un jour de forte chaleur, autour de midi, à l'heure où tout le monde vit à l'intérieur, la Samaritaine sort de Sychar, une ville assez importante, où il y a beaucoup d'échanges commerciaux. Elle marche dans la nature environ huit cents mètres jusqu'au fameux puits de Jacob. Elle est seule, parce que personne ne va puiser de l'eau à midi. Les autres femmes de Sychar y vont certainement par petits groupes le matin quand il fait bon, ou le soir au coucher du soleil. Le puits est aussi un lieu de vie sociale. C'est près d'un puits qu'Isaac a rencontré et aimé Rebecca, que Jacob a rencontré pour la première fois Rachel. Bien des années après, c'est aussi près d'un puits que Moïse est tombé amoureux de Cipora. Peut-être qu'en marchant, la Samaritaine repense à toutes ces histoires romantiques et regarde sa vie bien abîmée. Elle pense à l'homme avec qui elle vit. Le sixième. Les autres l'ont-ils abandonnée ? Ou est-ce elle qui est partie ? Elle se pose sans doute cette question qui revient à certains moments de notre vie : qu'est-ce qui n'a pas marché ? Comment en suis-je arrivé là ? Elle arrive au puits, et de loin elle aperçoit une silhouette. Un homme, d'une trentaine d'années. Brun. Il semble fatigué. Elle s'approche. Il reste là, présent. Se dégagent de lui une force et une paix étonnantes. Elle baisse les yeux, le moment est certainement un peu gênant. Elle reconnaît à sa tunique que Jésus est juif. Que fait-il ici ? Les Juifs contournent toujours la Samarie. Elle commence à descendre son seau. Et l'homme lui demande : « Donne-moi à boire. »

Commence alors cette merveilleuse conversation. Cette femme samaritaine semble de prime abord coincée, bloquée dans ses divisions intérieures et relationnelles. À cause de ces souffrances, elle paraît sur la défensive avec Jésus : « Toi qui es juif, tu me demandes à moi, une femme samaritaine à boire ? » Parce qu'elle a souffert, elle est méfiante, presque désagréable. Mais Jésus voit une âme qui étouffe, prise intérieurement dans sa souffrance et dans ses échecs. Il lui demande de l'eau. C'est lui qui a besoin d'elle. Alors qu'elle puise son eau et qu'elle tend peut-être à Jésus un bol pour apaiser sa soif, il lui parle d'une autre soif et d'une autre source. Les quarante-cinq mètres de profondeur du puits ne sont rien au regard des profondeurs d'une âme. Et la tienne est asséchée. Tu es découragée, mais il y a en toi une source qui voudrait jaillir pour la vie éternelle.

Une relation de réciprocité

Il y a deux choses étonnantes dans ce passage d'Évangile. La première, c'est la demande de Jésus très concrète : « Donne-moi à boire. » Jésus est vulnérable physiquement. Il est fatigué et il a soif. Alors il se repose et il demande de l'eau. Ce détail révèle une chose essentielle : la rencontre avec Jésus intègre la dimension de la réciprocité. La grâce n'est pas une prestation pour notre âme, mais elle fonde en nous une capacité à répondre à Dieu, à apaiser sa soif. Nous pouvons donner à boire à Jésus. Comme notre rencontre avec Jésus fonde une réciprocité, notre rencontre avec le monde doit aussi faire place à une forme de réciprocité. L'évangélisation, la rencontre avec le monde, n'est pas une rencontre à sens unique. Nous avons quelque chose à recevoir du monde lui-même. Comme Jésus, le chrétien n'a pas peur de demander de l'eau. Le chrétien ne méprise pas ses besoins physiques, sa fatigue, ses besoins humains et relationnels, son besoin parfois d'être accompagné humainement et psychologiquement. Nous avons quelque chose à recevoir et nous devons être prêts à recevoir pour pouvoir donner.

La deuxième chose étonnante, c'est que Jésus reçoit paisiblement la méfiance de la Samaritaine, comme il endurera silencieusement les humiliations de sa Passion. Être prêt à recevoir, c'est aussi être prêt à accueillir la souffrance, la colère, la pauvreté du monde, sans répondre mécaniquement par notre colère ou notre esprit de vengeance. Rencontrer, apprendre à recevoir, c'est s'engager dans une relation, sans barricades intérieures, parce qu'on ne ressort jamais indemne d'une relation vraie. Le monde peut faire saigner, il peut faire mal. Nous pouvons, nous aussi, faire saigner parce que, pour une part, nous appartenons au monde, et d'autres sont pour nous les ambassadeurs du Christ. Cette capacité à se laisser blesser, salir, à prendre le risque d'être contaminé par le monde est une attitude profondément chrétienne. Le Christ s'est laissé gifler, maltraiter et humilier.

Saint Damien de Veuster s'est laissé contaminer par la lèpre. On ne peut pas servir le monde sans se laisser toucher par la pauvreté physique ou morale de l'autre. Si l'Église est un « hôpital de campagne », suivant la belle expression du pape François, nous ne pouvons y servir comme des médecins insensibles. Si « la chose dont a le plus besoin l'Église aujourd'hui c'est la capacité de soigner les blessures et de réchauffer le cœur des fidèles* », alors notre cœur humain tout entier est engagé dans ce soin, dans ce service, et ce quoi qu'il nous en coûte.

La source de la pureté

Cette peur d'être imprégné ou contaminé par la pauvreté et la souffrance de l'autre révèle parfois la peur de notre propre pauvreté et met en lumière l'illusion d'être nous-mêmes à l'origine de notre propre salut. Notre salut est dans le nom du Seigneur, pas en nous-mêmes. Il faut toujours nous méfier de cette tentation mondaine de trouver par soi-même sa propreté morale. Parfois, on prend de la distance dans notre prière avec Dieu, parce qu'on ne se trouve pas pur, pas net, pas assez *clean*. Alors on laisse passer le temps, comme si ce dernier pouvait nous purifier de l'intérieur. Le temps ne purifie pas,

* Interview du pape François aux revues culturelles jésuites Réalisée par le père A. Spadaro, s.j., Revue *Études*, octobre 2013.

il endort. L'évangile ne cesse de nous montrer que les plus belles rencontres avec Jésus se réalisent dès lors que quelqu'un accepte visiblement sa pauvreté physique, morale ou spirituelle. La femme adultère, Bartimée ou les enfants qui criaient autour de lui, toutes ces personnes ont approché Jésus ou se sont laissées approcher de lui dans leur état de pauvreté. Mais nous continuons mystérieusement à penser que la pauvreté nous éloigne de Dieu… Comme c'est étrange ! Dans notre vie chrétienne, dans notre relation au monde, nous ne pouvons avoir les yeux rivés sur nous-mêmes, sur notre probité morale. Notre regard doit se porter vers le Seigneur qui est la source de notre pureté et de notre sainteté. Notre personnalité ne se trouve pas cachée en nous, mais en lui. C'est le Seigneur qu'il faut chercher, dans les plus petits de nos frères, dans les membres les plus souffrants de son corps. Moins d'attention pour nous, quitte à nous salir, voilà ce que préconise Charles Péguy.

C. S. Lewis évoque cette révélation de notre personnalité qui advient au moment même où l'on renonce à s'en préoccuper :

> Votre personnalité réelle, nouvelle (qui est celle du Christ autant que la vôtre) n'apparaîtra pas tant

> que vous la chercherez. Elle naîtra quand vous le chercherez, lui, le Christ. Renoncez à vous-même et vous trouverez votre personnalité. Perdez votre vie et vous la sauverez. Ne gardez rien pour vous, car rien de ce que vous n'avez pas réellement abandonné ne vous sera restitué. De plus, rien en vous qui ne soit mort ne ressuscitera. Si votre « moi » est votre unique intérêt, vous ne trouverez en fin de compte que haine, solitude, désespoir, rage, ruine et déchéance. Mais recherchez le Christ et vous le trouverez et, avec lui, tout le reste vous sera donné par surcroît[*].

Au fond, nous ne devons jamais confondre dans notre vie chrétienne la sainteté, c'est-à-dire la grâce que nous recevons de Dieu et que nous sommes appelés à répandre autour de nous, et le sentiment individualiste d'autojustification, celui qui consiste à être en paix avec sa conscience. Le Seigneur ne nous demande pas d'avoir une conscience nette, mais de servir, de visiter les prisonniers et les malades, de vêtir ceux qui sont nus, de donner à boire et à manger. Nous ne serons pas jugés sur notre conscience, mais sur l'amour que nous aurons déployé.

---

* C. S. Lewis, *Les fondements du christianisme*, Paris, LLB, 2006, p. 226-227.

Je ne me juge pas moi-même

Bien sûr, notre conscience est un baromètre utile pour éduquer notre rapport au bien et au mal. Mais c'est sur l'amour que nous serons jugés. Notre conscience n'est pas l'ultime réalité de notre vie. Saint Paul lui-même prend une distance avec la conscience du bien qu'il fait ou du mal qu'il ne fait pas :

> Pour ma part, je me soucie fort peu d'être soumis à votre jugement, ou à celui d'une autorité humaine ; d'ailleurs, je ne me juge même pas moi-même. Ma conscience ne me reproche rien, mais ce n'est pas pour cela que je suis juste : celui qui me soumet au jugement, c'est le Seigneur. Ainsi, ne portez pas de jugement prématuré, mais attendez la venue du Seigneur, car il mettra en lumière ce qui est caché dans les ténèbres, et il rendra manifestes les intentions des cœurs. Alors, la louange qui revient à chacun lui sera donnée par Dieu [1 Co 4, 3-5].

Il faudrait réinterroger toute une morale de la conscience, trop intellectualiste et trop imprégnée de l'individualisme contemporain. La morale thomiste de la prudence ne court pas le même risque puisqu'elle est tout orientée vers l'action et le décentrement de soi pour l'autre. Le bien est une réalité extérieure que je dois rechercher, une réalité transcendante à laquelle je suis invité à participer. Le bien est toujours une réalité qui me précède mais une certaine compréhension de la morale de la conscience peut nous faire oublier cette transcendance du bien. Cela conduit à l'illusion que le bien est d'abord dans ma conscience. Il est alors une construction de ma conscience auquel je devrais me conformer par cohérence. C'est la morale de la sincérité. La vie morale part alors du « moi », du bien que je considère par moi-même, et revient vers le « moi », dans la recherche sincère d'une cohérence de vie, d'une conformité à cette conscience qui voudrait n'avoir rien à se reprocher.

Encore une fois, il s'agit d'une attitude intérieure : suis-je maître en moi-même, dans mon intelligence et dans ma volonté ou suis-je en relation avec le bien qui m'est extérieur, avec le monde et avec Dieu ? Le risque d'une morale de la conscience est de se retrouver seul en soi-même, d'être maître en soi-même et maître de sa vie, de n'être plus en relation qu'avec soi-même et de transformer les autres en spectateurs de notre existence. Ce qui est vrai aujourd'hui de la conscience, qui court le risque de ressembler à une existence à partir de soi-même, est aussi vrai de la volonté.

La volonté toute-puissante

S'il y a un symptôme fort de cette confusion entre la vie de la grâce et le sentiment de propreté morale, c'est bien la place surdimensionnée que l'on donne aujourd'hui, y compris dans le christianisme, à la volonté. Depuis l'époque moderne, où l'homme cherche à être maître de son existence, à vivre sans Dieu ni maître, le mot « volonté » a pris un essor considérable et masque bien souvent un volontarisme inspiré de Nietzsche, un désir de toute-puissance. Ne voulant plus vivre par la grâce de Dieu, mais vivre par soi-même, l'homme érige sa conscience et sa volonté en réalités à la fois primordiales et ultimes de son existence.

Bien souvent, dans nos confessions, nous regrettons notre manque de volonté, nous demandons pardon de n'avoir pas eu la volonté de prier, de rendre service et de nous maîtriser… Tout péché devient alors un manque de volonté et, peu à peu, nous en venons à regretter davantage nos manques de force que nos manques d'amour. La distinction est ténue, parce que l'amour prend racine dans la volonté mais pas dans celle, nietzschéenne, d'être tout-puissant et de n'avoir jamais peur, ni dans celle d'être maître des autres, de soi et des événements. L'amour prend racine dans la volonté humble et courageuse de celui qui sait donner sa vie.

Pour descendre dans l'existence et vivre d'une charité sincère et évangélique, ce n'est pas d'une volonté toute-puissante dont nous avons besoin, mais du courage et de l'amour. Pour donner notre vie, ce n'est pas de puissance mais d'amour dont nous avons besoin. À Gethsémani, au moment même où Jésus commence à ressentir tristesse et angoisse devant l'épreuve de sa mort, il se démet de sa volonté et la remet dans les mains du Père : « Non pas ma volonté, mais la tienne » (Lc 22, 42). Jésus donne sa vie par amour. Beaucoup de saints ont donné ce témoignage d'un amour audacieux, désintéressé de soi-même et des jugements de la seule conscience.

Cette intuition de la charité permet de traverser certaines crises particulières. Certaines d'entre elles obscurcissent tellement l'intelligence qu'il est particulièrement difficile d'avoir une conscience éclairée. La complexité des circonstances, les innombrables considérations ne permettent pas au plus grand nombre de trouver une forme de clairvoyance sur les événements et seules quelques personnes très lucides font exception. Sous l'angle de la conscience on peut se retrouver assez vite coincé, paralysé dans l'exercice de sa volonté. Les saints manifestent au contraire une incroyable inventivité de la charité. Ils traversent les crises, sans forcément posséder une grande clarté de conscience ni une volonté puissante, mais leur charité leur ouvre une autre voie, celle du réel, celle du bien qui est à portée de main. Le saint a appris par toute sa vie à laisser parler ses entrailles. Comme le Bon Samaritain, il sait, lui, quand et comment aimer, il trouve cette audace joyeuse et assurée d'aimer coûte que coûte. Il ne se bat pas. Il ne fait pas preuve d'une volonté guerrière, ni d'une indignation, mais il trouve comment aimer et servir, en déployant une ingéniosité simple et très humaine. Il sait comment aimer et il sait aussi que rien ne peut empêcher d'aimer.

À de nombreuses reprises, Jésus laisse parler ses entrailles et montre par-là que notre capacité à aimer coûte que coûte, notre inventivité de la charité se trouve peut-être davantage dans nos entrailles, dans nos tripes, que dans la clarté de notre esprit. La charité, la vraie, n'est pas éthérée. Elle est charnelle parce qu'elle s'inscrit au plus profond de notre humanité. C'est la raison pour laquelle la vraie charité, qui est la sainteté, est accessible à tous et peut-être surtout aux plus pauvres et aux plus humbles, à ceux qui ne s'appuient pas d'abord sur eux-mêmes, sur leurs facultés, leur conscience ou leur volonté.

Il est tout à fait sûr que l'intelligence et la volonté sont impliquées dans notre vie de charité, entraînées dans la vie de la grâce, mais comme servantes et non comme maîtresses. Plus simplement, quand nous disons que la sainteté ce n'est pas faire des choses pour Dieu, mais laisser Dieu faire des choses en nous, cela signifie que nous ne sommes pas seuls à l'origine de nos actions et de nos œuvres. C'est le secret de la fécondité. L'Esprit-Saint peut se faire entendre par l'intelligence quand nous sommes attentifs aux signes des temps, il peut mouvoir notre volonté quand nous ne maîtrisons pas tout et il peut aussi jaillir dans nos tripes, dans nos sentiments d'humanité, dans l'ingéniosité du bien qui se présente à nous.

Cette capacité à aimer en toutes circonstances, à dépasser nos indignations devant le mal, à dépasser notre peur de nous laisser entacher par la pauvreté de l'autre, cette capacité à aimer toujours et simplement, est un don de Dieu, un don essentiel pour celui qui veut réfléchir à l'attitude juste du chrétien dans le monde. Supplions le Seigneur de nous apprendre à aimer, selon le beau mot de saint Vincent de Paul à Anne d'Autriche : « J'aurais voulu faire davantage ! »

Seigneur, aide-moi à te suivre dans le monde, à y entrer vraiment. Aide-moi à accepter la pauvreté qui me repousse et la nuit qui m'inquiète. Aide-moi, Seigneur, à aimer non pas de haut en bas, mais par le bas. Donne-moi, Seigneur, l'humilité et la charité. Et quand je ne sais pas, quand je ne vois pas, quand tout est obscur, montre-moi comment aimer tout simplement, comment servir.

6

Donner sa vie pour celle du monde

Nous célébrons l'Eucharistie afin d'apprendre à devenir des hommes et des femmes eucharistiques.

Pape François.

Toutes ces attitudes vraiment évangéliques, ces « dispositions qui sont dans le Christ Jésus » (Ph 2, 5), que le chrétien est invité à imiter dans sa relation avec le monde doivent le conduire encore un peu plus loin. La bienveillance, préalable à toute rencontre, le désir du salut, l'humilité de l'intelligence, la compassion avec ceux qui cherchent, comme le courage de servir dans la pauvreté, toutes ces vertus ou ces grâces doivent nous conduire jusqu'au don de notre vie. Puisque lui, Jésus, a donné sa vie pour nous, « nous aussi, nous devons donner notre vie pour nos frères » (1 Jn 3, 16).

En regardant Jésus comme notre maître et Seigneur, il ne reste qu'une chose à désirer. Une seule chose à demander : unir toute notre vie à la sienne pour « que ses pensées soient nos pensées, ses sentiments nos sentiments, ses choix nos choix.

Voilà ce qu'est la sainteté : la sainteté chrétienne, c'est agir comme le Christ a agi* ». Comment ne pas réentendre saint Paul parler de cette union avec le Christ ?

> Avec le Christ, je suis crucifié. Je vis, mais ce n'est plus moi, c'est le Christ qui vit en moi. Ce que je vis aujourd'hui dans la chair, je le vis dans la foi au Fils de Dieu qui m'a aimé et s'est livré lui-même pour moi [Ga 2, 19-20].

Nous unir au Christ c'est donner notre vie avec lui « pour que le monde ait la vie » (Jn 6, 51). Si le disciple n'est pas au-dessus de son maître, s'il marche dans ses pas avec fidélité et simplicité, alors le don de sa vie doit passer par le mystère de la croix et de la Résurrection que l'Église célèbre dans l'Eucharistie. L'Église aussi doit suivre le Christ, dans cette « cohérence eucharistique** ». Le *Catéchisme de l'Église catholique* le rappelle de façon très belle en parlant des derniers temps : « L'Église n'entrera dans la gloire du Royaume qu'à travers cette ultime

* François, *L'Eucharistie, les fruits de la messe*, audience générale du 4 avril 2018.

** Benoît XVI, *Sacrementum caritatis,* exhortation apostolique post-synodale, 2007, n° 8.

Pâque où elle suivra son Seigneur dans sa mort et sa Résurrection (voir Ap 19, 1-9)* ».

La victoire du Christ n'est pas manifeste aux yeux du monde. Que voit le monde en regardant la croix ? Un condamné à mort, emblème un peu sombre d'un christianisme passé ? Et cependant, parce qu'il a été tiré de son aveuglement, le chrétien discerne sur la croix la douceur forte et brûlante de l'amour d'un Dieu qui s'est livré pour lui et il voit dans la paix de celui qui gît sur la croix l'espérance invincible de sa Résurrection.

La cohérence eucharistique

Comme l'Église tout entière, chaque chrétien est appelé à entrer de l'intérieur dans le mystère de la mort et de la Résurrection du Christ, dont l'Eucharistie fait mémoire. Comment ne pas être seulement spectateur ou consommateur du mystère eucharistique ? Comment faire passer ce mystère de don et d'amour dans notre vie concrète et quotidienne ? Comment devenir un homme ou une femme eucharistique ? Avec le Christ, le chrétien est appelé à

---

* *Catéchisme de l'Église catholique*, n° 677.

offrir sa vie au Père en se livrant au monde par lui, avec lui et en lui.

L'Eucharistie rend présent et actualise le don du Christ. Les quatre verbes du récit eucharistique manifestent la profondeur de ce don : *prendre*, *bénir*, *rompre* et *donner*. Il s'agit d'abord d'un mystère de vocation puisque « pendant le repas, Jésus prit du pain », puis de bénédiction puisqu'il « le bénit », ensuite advient ce mystère de mort ou de dépouillement puisqu'il « le rompit » et enfin seulement cette fécondité et ce don : « le donnant aux disciples, il dit : "Prenez, mangez : ceci est mon corps" » (Mt 26, 26). Ce mouvement de vocation, de bénédiction, de dépouillement et de don, le Christ le vit sacramentellement le soir du jeudi saint et existentiellement le vendredi saint. Mais s'il n'y a « qu'un seul corps » (Ep 4, 4) du Christ, ce mouvement de don concerne tout autant le corps eucharistique du Christ sous le voile du sacrement que son corps ecclésial dans le mystère de l'Église.

L'Église, comme corps du Christ, est appelée, bénie, rompue et donnée pour la vie du monde. Le chrétien aussi, membre du corps du Christ participe à ce mouvement d'appel, de consécration, de dépouillement et de don. Ce que Jésus fait de son corps eucharistique il le fait aussi pour son corps qu'est l'Église et pour chaque membre de celle-ci. Voilà le passage de l'Eucharistie cultuelle – don du cœur du Christ – à l'Eucharistie vécue existentiellement dans l'union de toute sa vie au mystère du Christ. Comment se laisser transformer par l'Eucharistie ? Comment se laisser intérieurement entraîner dans ce mouvement de don ? Saint Pierre est un modèle lumineux de cette « cohérence eucharistique », de cette configuration au mystère de la Croix du Seigneur. Il est devenu par grâce cet « homme eucharistique » dont parle le pape François.

Sur les bords du lac de Galilée, au tout début de sa vie publique, Jésus a appelé Pierre à le suivre, en même temps que son frère André : « Venez à ma suite, et je vous ferai pêcheurs d'hommes » (Mt 4, 18). Pierre a d'abord résisté à cet appel, « éloigne-toi de moi, Seigneur, parce que je suis un homme pécheur » (Lc 5, 8). Mais l'appel a été le plus fort et il n'a jamais été retiré. L'appel que lance le Seigneur ne peut jamais devenir un souvenir. C'est pourquoi, à la toute fin de l'évangile, après la résurrection, Jésus le renouvelle : « Suis-moi » (Jn 21, 22). L'appel du Christ, parti à la recherche de toutes ses brebis perdues, demeure pour toujours. « Les dons gratuits de Dieu et son appel sont sans repentance » (Rm 11, 29) affirme saint Paul. Le chrétien est lui aussi toujours appelé par le Seigneur, même quand il ne l'entend pas. L'initiative de l'amour de Dieu, dont parle saint Jean à de nombreuses reprises dans son évangile et ses lettres, constitue vraiment cet appel qui demeure pour chacun. C'est l'expérience de Marie, la sœur de Lazare, à qui Marthe souffle dans l'oreille : « Le maître est là et il t'appelle » (Jn 11, 28). Le chrétien peut entendre dans le silence de sa prière et dans les événements de sa vie cet appel permanent de Jésus.

Pierre a aussi fait l'expérience d'être béni, c'est-à-dire d'être consacré par le Seigneur. Cette consécration est le signe visible de cette formation intérieure, parfois vigoureuse, dont le disciple a bénéficié. Pendant trois années, Pierre et les autres apôtres ont été formés par Jésus et ce n'est qu'au soir du jeudi saint qu'ils ont été consacrés par lui dans la grande prière sacerdotale : « Consacre-les dans la vérité » (Jn 17, 17). Le chrétien aussi, dans toutes les circonstances de sa vie, se sait conduit, formé et béni par le Seigneur. Avec gratitude, il sait relire ses bénédictions dans sa vie, rendre grâce pour les manifestations de Dieu dans son histoire. Ce travail de mémoire spirituelle lui confère la certitude que le Seigneur est avec lui, comme chaque dialogue liturgique le rappelle : *Dominus vobiscum*, le Seigneur est avec vous.

Au milieu du drame de la Passion, Pierre va vivre aussi ce mystère de dépouillement et de mort. Pour lui, cette expérience de pauvreté, de rupture, va passer par l'expérience de son péché, du reniement de celui qu'il avait suivi et aimé. C'est certainement la dimension la plus difficile de ce mouvement de don parce qu'on voudrait bien se donner sans se perdre. On voudrait bien se donner sans mourir. On préfère le succès qui ne coûte pas à la fécondité qui passe par la croix. Pourtant, toute vie chrétienne est conformée au mystère du Christ : « Si le grain de blé qui tombe en terre ne meurt pas, il reste seul » (Jn 12, 24). Quelle forme peut prendre un tel dépouillement ? Parfois, ce dépouillement passe par la mort d'une idée, d'un projet ou d'un rêve et c'est déjà bien éprouvant. Lâcher une certitude, une idée ou un projet, c'est consentir à n'être pas tout puissant. À d'autres moments, ce dépouillement ressemble à un sentiment vague et diffus du gâchis de notre vie. Comment en suis-je arrivé là ?

Pourquoi ? Tout aurait pu être différent et mieux. Parfois, cette expérience d'être brisé ou rompu, prend la forme d'une épreuve de santé physique ou psychologique, d'une dépression. Et parfois, comme pour Pierre, ce dépouillement est le fruit mystérieux de l'expérience de notre péché, de cette déception de soi-même, humblement acceptée. Pierre, contrairement à Judas, se laisse regarder pécheur. Il accepte de se voir loin de toute image idéalisée ou rêvée de lui-même, pauvre et lâche. Cette expérience devient pour lui le lieu de la rencontre avec le regard de Jésus. C'est au fond de son péché que Pierre rencontre le regard aimant de Jésus, pas avant ou après, mais à l'intérieur. Et c'est souvent au fond d'une épreuve que l'on rencontre le regard de Jésus. Évidemment, ce mouvement de dépouillement n'est pas un choix mais bien un consentement à l'épreuve.

Relevé et pardonné par le Seigneur, Pierre ne s'appartient plus. Son cœur, élargi par l'épreuve et la foi, peut laisser passer la grâce et son mystère. Il peut se donner sans retour, comme le Christ dans l'Eucharistie : « Prenez et mangez-en tous. » À la suite de son maître, entraîné par lui dans ce mouvement, Pierre est donné à l'Église et au monde : « Sois le berger de mes brebis » (Jn 21, 17). Ce don de lui-même, qui connaîtra bien sûr quelques résistances, se manifeste dans tous les actes des apôtres, dans ce rayonnement évangélique extraordinaire.

Ce mouvement eucharistique, cette configuration au Christ crucifié et ressuscité permet de faire la différence fondamentale entre l'efficacité et la fécondité. Est fécond ce qui est passé par la mort et la Résurrection de Jésus. Si l'on observe la vie des saints, les grands saints comme les saints du quotidien dont parle souvent le pape François, on peut voir à l'œil nu cette vie eucharistique qui n'est pas restée cultuelle mais qui est devenue existentielle. On peut voir cette bénédiction, ce dépouillement et cette fécondité. Les saints et les petits sont nos maîtres parce qu'ils vivent bénis et dépouillés dans le don d'eux-mêmes pour la vie du monde et la gloire de Dieu.

L'unité du corps du Christ

C'est vraiment dans la dimension du don que l'unité du corps du Christ apparaît dans sa pleine lumière. Raison pour laquelle on ne peut jamais dissocier le Corps eucharistique du Christ de son corps ecclésial, visible dans le pauvre et le frère. Cette dissociation est pourtant une tentation qui traverse toute l'histoire de l'Église, tentation encore bien vivante aujourd'hui. Dissocier le Corps eucharistique du Christ de son corps ecclésial, c'est séparer le culte et l'amour des sacrements de la charité sociale et de l'amour fraternel. Le Christ est présent à son Église et au monde sous le voile des sacrements et dans le cœur des pauvres.

Si l'on manifeste notre amour pour le Christ seulement dans la dimension liturgique, alors notre regard de foi est trop court ou notre charité trop faible. Le risque est évidemment de confondre un excès et un manque. Un amour du Corps eucharistique du Christ, manifesté dans la beauté de la liturgie, doit se déployer dans un grand amour pour son corps ecclésial. Si ce n'est pas le cas, il ne s'agit en rien d'un excès mais d'un manque. Il s'agit d'un amour fragile et petit puisque c'est l'un et l'autre qu'il faut aimer et reconnaître. Et celui qui sert le pauvre et le frère, doit reconnaître dans le sacrement de l'hostie, le même Seigneur, le même Christ, vivant dans son Église, avec nous « tous les jours jusqu'à la fin du monde » (Mt 28, 20). Encore une fois, les saints nous montrent le chemin.

Mère Térésa témoignait du même amour pour le Christ adoré deux heures chaque matin devant le tabernacle que pour le Christ malade soigné et aimé le reste de la journée auprès des pauvres et des lépreux. Ils manquent de profondeur et de foi, ceux qui d'un bord ou de l'autre condamnent ou critiquent des excès quand il s'agit de manques. Le chrétien dans son rapport au monde doit absolument se nourrir de la vie eucharistique, pour que sa vie devienne eucharistique, c'est-à-dire choisie, bénie, rompue et donnée.

Le suivre jusque dans la démesure de l'amour

Dans la prière et l'adoration, le chrétien cherche à entrer dans ce mouvement eucharistique et peut se laisser modeler de l'intérieur par la grâce du Christ. Par la messe, le chrétien s'offre intérieurement et personnellement avec Jésus sur l'autel. Il entre alors dans ce mouvement de don et de sainteté auquel saint Paul appelait de tout cœur :

> Je vous exhorte donc, frères, par la tendresse de Dieu, à lui présenter votre corps – votre personne tout entière –, en sacrifice vivant, saint, capable de plaire à Dieu : c'est là, pour vous, la juste manière de lui rendre un culte [Rm 12, 1].

Parce que le Christ nous a aimés jusqu'au bout, nous pouvons « par lui, avec lui et en lui », entrer dans cet amour profondément chrétien, capable d'aimer « jusqu'au bout » (Jn 13, 1). Faut-il aller si loin ? Peut-être faudrait-il mettre un peu plus de raison dans ce désir et cet enthousiasme ?

Les saints ont pourtant témoigné que la manière d'aimer Dieu, la mesure de l'amour « c'est de l'aimer sans bornes, sans mesure* ». Nous servons un Dieu passionné qui dans le grand mystère de l'Incarnation et de la Rédemption a mis son existence humaine en jeu. Nous devons répondre à cet amour, y consentir, l'aimer et le servir passionnément en mettant notre vie en jeu. Oui, jouer notre vie. C'est là le secret de notre joie !

Ce mouvement de don qui fait de nous des hommes eucharistiques est un mouvement d'amour, mais pas d'un amour humain, raisonnable et mesuré. Cette transformation eucharistique de toute notre vie est un fruit de l'amour démesuré de Dieu qui s'est donné le premier. Il ne s'agit plus seulement de donner du temps ou des choses, mais de se donner soi-même. Est-ce bien raisonnable ? Le monde et

---

* Bernard de Clairvaux, *Traité de l'amour de Dieu*, Paris, Desclée de Brouwer, 1936, p. 15.

sa raison heurtent là le désir fou de se donner tout entier. Ce désir vient des profondeurs de la grâce, révélant au monde cette démesure de l'amour de Dieu qui se manifeste dans l'évangile, dans l'Eucharistie, dans la vie des fidèles. Bien sûr, cet amour peut paraître fou ou scandaleux. Cette démesure de l'amour de Dieu éclate littéralement dans l'histoire de l'Église. Benoît XVI avait encouragé à ne pas perdre de vue « le grand sillon lumineux de bonté et de pureté, que la foi chrétienne a tracé à travers les siècles ». Il invitait à ne pas cacher les péchés, surtout les plus grands, des membres de l'Église mais à se rappeler aussi « les figure grandes et pures que la foi a produites – de Benoît de Nursie et sa sœur Scholastique, à François et Claire d'Assise, Thérèse d'Avila et Jean de la Croix, aux grands saints de la charité comme Vincent de Paul et Camille de Lellis, jusqu'à Mère Teresa de Calcutta et les grandes et nobles figures de Turin du XIXe siècle* ». Cette démesure de l'amour doit continuer à éclater pour notre monde, pour réchauffer et illuminer le cœur de ceux qui se trouvent fatigués « et prostrés comme des brebis sans berger » (Mt 9, 36).

* BENOÎT XVI, dialogue avec le mathématicien Odifreddi, *La republica*, 24 septembre 2013.

Dans sa rencontre du monde, le chrétien ne peut niveler son annonce de la foi sur ce qui apparaît seulement audible et raisonnable. Comme l'ambassadeur qui peut connaître à certains moments un tiraillement entre son pays d'origine et le pays auquel il est envoyé, le chrétien dans le monde peut connaître un conflit entre la mesure et l'équilibre des réalités humaines et la démesure de l'amour de Dieu auquel il veut répondre, lui aussi, démesurément. La démesure de l'amour n'est pas un intégrisme. Ce dernier est une rigidité de l'esprit, une certitude d'avoir raison envers et contre tout. L'intégrisme contient le mystère. L'amour, lui, est dépassé par le mystère. La démesure de l'amour eucharistique est un élargissement du cœur, une invitation à jouer sa vie, non par la force mais dans l'amour, une invitation à s'impliquer tout entier dans notre existence chrétienne. C'est ce que nous apprend l'immense tradition mystique de l'histoire de l'Église. Cette tradition de l'amour qui commence dans l'évangile avec saint Jean qui, le soir de la Cène, pose sa tête sur le cœur du Christ pour l'écouter battre, avec Marie-Madeleine qui pleure sur les pieds de Jésus et les essuie de ses cheveux, avec cette femme malade qui cherche à toucher, ne serait-ce que la frange de son vêtement…

Saint Thomas a formulé avec précision la distinction de ce double régime auquel les chrétiens sont soumis, régime naturel et régime surnaturel. Les vertus humaines, que l'on appelle les vertus cardinales, sont des « dispositions stables acquises par répétition d'actes ». Elles constituent toujours un juste milieu entre un manque et un excès, une forme d'équilibre. La force par exemple est un juste milieu entre la faiblesse et la témérité. La tempérance est un juste milieu entre la goinfrerie et l'insensibilité. Le chrétien doit faire preuve de cet équilibre et de cette mesure dans son rapport au monde, dans sa façon d'être et de rechercher la vertu. Mais la vie surnaturelle ne répond pas aux mêmes lois. Les vertus surnaturelles sont toujours en tension, en excès, en démesure, puisque leur objet, Dieu lui-même, n'est jamais atteint. Il n'y a pas d'excès de foi, il n'y a pas d'excès de charité, il n'y a pas d'excès d'espérance. Il n'est pas possible d'atténuer, d'équilibrer, de modérer sa foi eucharistique, son amour des pauvres, son désir missionnaire ni son espérance du Royaume. Il nous faut découvrir ou réentendre cette folie de l'amour qui se donne et qui n'est pas aimé en retour*. C'est une grâce

* « L'Amour n'est pas aimé. » L'expression est attribuée à saint François d'Assise (voir *Sources franciscaines*, n. 1413).

à demander parce que les vertus surnaturelles ne sont pas acquises mais toujours données. C'est pourquoi il faut les demander « sans se décourager » (Lc 18, 1). Le chrétien face au monde doit brûler, non pas d'un zèle humain, puisant sa force dans ses propres indignations politiques, identitaires ou sociales, mais d'un amour qu'il a lui-même reçu. C'est la condition de son être au monde. Le chrétien, ambassadeur de Dieu, doit brûler de la passion de transmettre ce qu'il a reçu gratuitement et par amour.

Elle est commentée par le pape François dans une méditation à Assise du 20 septembre 2016.

Épilogue

LÀ OÙ IL PASSAIT

> À ces mots, dans la synagogue, tous devinrent furieux. Ils se levèrent, poussèrent Jésus hors de la ville, et le menèrent jusqu'à un escarpement de la colline où leur ville est construite, pour le précipiter en bas. Mais lui, passant au milieu d'eux, allait son chemin.
>
> Luc 4, 28-30.

La première prédication de Jésus, racontée par saint Luc, n'a pas suscité une incompréhension, mais une immense colère. Il faut imaginer la scène, les bruits, les mouvements de foule, les coups et les insultes. Une tension sociale très forte, anxiogène. Jésus est poussé hors de la synagogue, probablement bousculé sur plusieurs centaines de mètres. La scène fait froid dans le dos et nous jette comme par avance dans les heures bruyantes et douloureuses de la Passion. Mais, devant le précipice, saint Luc arrête soudainement son récit. Comme si tout d'un coup, le bruit avait cessé, laissant place à un grand et profond silence. Que s'est-il passé ? Nous ne le savons pas. L'évangile conclut mystérieusement : « Mais lui, passant au milieu d'eux, allait son chemin » (Lc 4, 30).

Cette dernière phrase, énigmatique s'il en est, est une annonce du Mystère Pascal, de la victoire de celui qui passera dans la mort, au milieu des enfers. Le terme lui-même de passage fait écho à la Pâque, au passage de la Mer Rouge, célébré par les Juifs, préfiguration de notre libération spirituelle. La vie chrétienne tout entière est un passage à travers le monde, à travers ses épreuves, ses bruits, ses péchés et ses angoisses. Tous ces bruits du monde largement relayés aujourd'hui par les médias et les réseaux sociaux. Le risque est immense, pour nous chrétiens, de ne pas passer dans le monde mais d'y rester, soit dans le confort d'un matérialisme privilégié, soit dans la paralysie et la peur. Lorsque l'on se projette dans la scène étonnante de cette prédication de Jésus et de ce déchaînement de haine, on peut se prêter à imaginer une force sortant de Jésus, une puissance soudainement dévoilée, réduisant ses adversaires au silence. Mais c'est peut-être notre cœur avide de victoire et de revanche qui interprète... D'autres allusions évangéliques nous révèlent le secret de ce passage.

> Avant la fête de la Pâque, sachant que l'heure était venue pour lui de passer de ce monde à son Père, Jésus, ayant aimé les siens qui étaient dans le monde, les aima jusqu'au bout [Jn 13, 1].

Au moment de ce grand passage, avant d'entrer dans la mort, Jésus continue ce mouvement de descente dans l'amour et le service en lavant les pieds de ses disciples. Quand l'heure du passage est arrivée, Jésus manifeste un amour « jusqu'au bout ». C'est cet amour qui caractérise le passage de Jésus, pas la force : « Là où il passait, il faisait le bien et guérissait tous ceux qui étaient sous le pouvoir du diable, car Dieu était avec lui » (Ac 10, 38).

En réfléchissant à notre vocation de chrétiens dans le monde, nous pouvons nous laisser éclairer et attirer par la figure de celui qui passait en faisant le bien. En faisant le bien, en acte et en vérité, Jésus interrogeait et creusait le désir de ses contemporains. « D'où cela lui vient-il ? » (Mc 6, 2), voilà une des plus belles questions de l'évangile. Il faisait le bien, « car Dieu était avec lui ». En faisant le bien, Jésus manifeste et révèle le Père. Révéler l'amour du Père à travers le bien que nous faisons, quelle belle mission pour un chrétien ! Toutes ces attitudes intérieures sur lesquelles nous avons médité nous invitent à nous laisser traverser par le bien et à témoigner d'un autre que nous, agissant en nous. Mystère de la grâce. C'est pourquoi, ces attitudes sont tout autant des vertus à déployer que des grâces à demander. Elles peuvent se résumer dans l'intuition de la charité. Jésus passait en faisant le bien.

Les questions les plus grandes de notre vie se résument parfois à des questions d'enfant, simples et vraies : Est-ce que je crois en Dieu ? Est-ce que je crois qu'il m'aime et qu'il s'est livré pour moi ? Est-ce que je crois en son amour pour le monde ? Est-ce que j'aime les gens ? Est-ce que je passe en faisant le bien, moi aussi, dans ma famille, mon travail, mes activités, dans ma vie quotidienne ? Est-ce que je passe en faisant vraiment le bien ? Si nous sommes les disciples de celui qui, passant de ce monde à son Père, aima jusqu'au bout, il nous faut répondre avec urgence à cet appel, à vrai dire le seul appel qui compte : aimer.

Table des matières

Imprimé en France par CPI
en avril 2021

Composition : Soft Office

Dépôt légal : mai 2021
N° d'impression : 2057518